子どもへの声かけが変わる！
クラスがまとまる！

メンタルトレーナー直伝

先生の"ごきげん思考"で、授業はうまくいく！

著：辻 秀一

はじめに

　人の力も国の力も大切なことは教育です。日本は教育のおかげで世界の中でもすばらしい国と評価され、日本の国や人は強くしなやかに生き残ってきたのだということは間違いありません。
　しかし、最近では環境の変化に教育がついていけていないのではないかという危惧があります。そのために、今、日本の国も人も弱くなってきているのかもしれません。それは社会的問題でもあると私は感じています。
　そこで、何よりも教育現場の質を生み出している先生の力量が、しっかりと今の現代に合ったものであることが大事だと確信します。その力量のひとつが、先生が人間の仕組みを理解し、その結果として自分自身だけでなく子どもたちの心をマネジメントしていけることではないかと考えています。
　私は、メンタルトレーニングを専門とするスポーツドク

ターです。オリンピック選手やプロ野球選手、Jリーグといったアスリート、アーティスト、教員、経営者や多くの企業を、「応用スポーツ心理学」と「フロー理論」をもとにしたメンタルトレーニングで継続的にサポートし、パフォーマンスを向上させることを仕事としています。

とはいえ、スポーツの種目や企業の業種ごとにトレーニングの異なるメソッドを提供しているわけではありません。アスリートにも経営者にももちろん学校の先生にも、同じことをお伝えしています。それは、「人の生きるということやパフォーマンスについて、脳や心の仕組みをわかりやすくお伝えする」ということです。

人の生きる上で大切なことは、「何を、どんな心でやるのか」という2つです。"何を"するかだけでなく、"どんな心で"やるのかというのは、あらゆる行動の質を決める重要なことなのです。

これまで日本のスポーツやビジネスの世界では、パフォーマンスを向上させるために知識や技術といったスキルの獲得、つまりは"するべきこと"ばかりに重点を置く傾向がありました。

もちろんスキルの獲得は大切ですし、"するべきこと"

から逃げてはいけません。しかし、"どんな心で"やるかを無視して"するべきこと"をしても、パフォーマンスを最高に発揮することはできません。目標を達成するために、辛い、苦しい、焦りといった不機嫌な状態、あるいはストレスフルな状態を「気合いや根性」を引き合いに出してやり過ごす時代は終わりました。

　私は"するべきこと"という現実を見据えたうえで、それを機嫌良くやる心の重要性をお伝えしたいのです。スポーツは、自分の心がマネジメントできないと結果を出すことができないため、「何を、どんな心でやるのか」の重要性がわかりやすい人間の活動といえます。

　スポーツは文化であり、人を豊かにするものです。人間の活動がすばらしいということを知らしめてくれるのがスポーツです。そこから発生したスポーツ医学や応用スポーツ心理学は、アスリートだけでなくすべての人に多いに役立つと考えています。

　そこで本書では、私の専門でもある応用スポーツ心理学の知識を駆使して、先生や子どもたちの心のマネジメント、すなわち心の整え方をわかりやすく説明していきたいと思います。ひと言でいえば、「フロー」という機嫌の良い心

の状態を先生自身や子どもたちに導くコツが満載の本になっています。

第1章では脳と心の仕組みについて、第2章では心をマネジメントするための脳（それをライフスキル脳といいます）を磨くメソッドについて、第3章では先生がごきげん思考で行う授業について、そして第4章では授業での声かけのコツについて、さらには私のところでトレーニングをされた学校の先生、音楽の先生、スポーツのコーチの実際の声をお届けし、理解を深くしていただこうと考えています。

本書をいつも手元において読み込むことで、教育現場の質を少しでも高めていただきたいと心から願っています。日本の国や人が強くしなやかになるための責任のひとつは教育だからです。読み進めると「何を"どんな心で"やるか」の大切さをご理解いただけると思います。フムフムと納得できるところや、そうだったのかと驚かれるところなどが満載で、どんどん「フロー」な感じがやってくると確信しています。それでは読み始めてください！

スポーツドクター　辻 秀一

CONTENTS

| 4 | はじめに |
| 12 | 本書の使い方 |

13 第1章
先生のメンタル・マネジメント編

14	PART 1	先生のメンタル・マネジメント事情
18	PART 2	心の状態は2つしかない
22	PART 3	ストレス状態とストレッサー
26	PART 4	ノンフロー状態を導く脳の反応
30	PART 5	"ごきげん"の陸地に上がるために

| 34 | コラム 1 |
| | 思考するというメソッド |

35 # 第2章
自分の心を
マネジメントする編

36 PART 1 認知脳の働き

40 PART 2 ライフスキル脳を磨く

44 PART 3 2つの脳を使いこなす 「バイブレイン」

48 PART 4 意味付けに気づく

52 PART 5 "ポジティブ思考"の限界

56 PART 6 自分の心の状態に気づく

60 PART 7 感情のリストをつくる

64 PART 8 フローの価値を考える

68 PART 9 フローワードを考える

72 PART 10 「好きを大切にする」と考える

76 PART 11 「今に生きる」と考える

80 PART 12 「一生懸命を楽しむ」と考える

84 PART 13 「与える」と考える

88 PART 14 「応援する」と考える

92 コラム2
思考は脳の筋トレ

93 第3章

ごきげん思考で
授業をする編

94 PART 1 子どもとフローの価値をシェアする

98 PART 2 指示と支援のバランスを考える

102 PART 3 認知に働きかける「指示」の出し方

106 PART 4 子どもの心を支援する

110 PART 5 信頼関係を築く支援の声かけ

114 コラム3

ジンクスとルーティン

115 第4章

ごきげん思考の声かけ編

116 「するべきことを機嫌良くする」を大切にする
ごきげん思考の声かけ

118 SCENE 1 「なんでできないの？　さっきやったよ？」

122 SCENE 2 「何度言ったらわかるの？　やめなさい！」

126 SCENE 3 「やる気あるの？
ちゃんとやらないとダメだよ！」

130 SCENE 4 「ドンマイ！　気にしないで！」

134 SCENE 5 「早くしなさい！　時間ないよ」

138 SCENE 6 「落ち着いて！
　　　　　　いっぱい練習したからできるよ」

142 SCENE 7 「どっちが悪いの？　自分たちで解決して」

146 SCENE 8 「真面目にやってる？
　　　　　　できなくて悔しくないの？」

150 SCENE 9 「ちゃんと覚えてきてって、
　　　　　　先生、言ったよね？」

154 SCENE 10 「今日はとても大事な本番！！
　　　　　　　成功すると信じているよ！」

158 SCENE 11 「なんでやってこないの？
　　　　　　　みんなやってきているよ」

162 SCENE 12 「ふざけない！
　　　　　　　先生の話をしっかり聞いて！」

166 SCENE 13 「みんなの迷惑になるから、
　　　　　　　早く食べなさい」

170 SCENE 14 「絶対受かる！」
　　　　　　　「がんばったんだから、大丈夫」

174 "ごきげん思考" 実践者の声1

178 "ごきげん思考" 実践者の声2

182 "ごきげん思考" 実践者の声3

186 おわりに

本書の使い方

本書は４つの章＋メソッド実践者の声という構成になっています。
先生がごきげん思考で授業をするためには、自分自身のメンタル・マネジメントが第一条件となりますのでページ順に読み進めていただくことをおすすめします。

- 第１章　先生のメンタル・マネジメント　編

先生のメンタル事情、心の状態ストレス状態のメカニズム、自分の心をマネジメントすることの価値について説明しています。

- 第２章　自分の心をマネジメントする　編

脳のメカニズム、ごきげん思考について、心をマネジメントする具体的な方法として辻メソッドを紹介しています。

- 第３章　ごきげん思考で授業をする　編

「するべきこと」を指示するだけでなく、「どんな心でやるか」という子どもの心を支援する指導方法を紹介しています。

- 第４章　ごきげん思考の声かけ　編

小学校の学校生活での具体的なシーンを想定し、子どもの心を支援する、先生の声かけ例を紹介しています。

- "ごきげん思考"実践者の声

教員、ピアノ教師、ラグビーコーチとして、辻メソッドをふまえた子どもの指導をしている実践者の声を掲載しています。

自分自身が"ごきげん思考"になる

１、２章は自分の心をマネジメントすることの価値とその方法を紹介。指導者自身が心のマネジメントをできていないと質の高い授業はできません。子どもたちのためにも、スキルだけでなく心をマネジメントする意識を大切にしてください。

子どもの心をマネジメントする

３、４章は"ごきげん思考"で授業をすることにより、子どものパフォーマンスを発揮させる、という指導方法について説明します。あくまで指導者側が"ごきげん思考"でいることが前提なので、１、２章を理解したうえで読み進めてください。

"ごきげん思考"指導者の声を聞く

第1章

先生の
メンタル・マネジメント
編

PART 1 先生のメンタル・マネジメント事情

心をマネジメントしよう！

POINT
- ストレスを感じているときの自分の感情、機嫌を意識してみる

◆ メンタルトレーナーから見る先生のメンタル

"超多忙"といわれる学校の先生。授業のための準備や事務作業などに多くの時間がさかれていると聞きます。そのうえで「授業がどうしたらうまくできるか」「子どもたちとうまくコミュニケーションをとるには？」など、教師としてのスキルアップに勤しむ真面目な方が多いように見受けられます。

また、その真面目さからがんばりすぎてしまい、心が折れてしまうことも少なくありません。メンタルトレーナーという立場から、まずはこの「教師のメンタル・マネジメント」について掘り下げていきましょう。

文部科学省の調査（平成28年度）によると、==公立学校の精神疾患による教職員の休職者は年間に4800人を超えています。==さらに

一般病休の中にも精神疾患の方が多くいますし、休職にいたらずとも、メンタルヘルスに問題を抱えている先生となるとその数は膨大になるでしょう。

　学校の先生の忙しさについては一般にも広く知られているところですが、経済協力開発機構（OECD）による「国際教員指導環境調査（2013）」によると、**日本の中学校教員の労働時間は34ヵ国中最も長い**ことが明らかになっています。労働時間は長いにもかかわらず、授業に使った時間は各国平均よりも短いのです。つまり、授業の準備やそれ以外の作業が占める割合が非常に多いといえます。

　また、文部科学省が平成24年に行った「教員のメンタルヘルスの現状」の調査資料によると、**教職員が「疲労を感じる度合い」は一般企業の労働者の3〜4倍**。「仕事量」にストレスを感じる人の割合も、約2倍になっています。

　さらに、校長・副校長など管理職を除き、教員間は横並びという特殊な組織形成であることから、自分の担任以外のクラス（とくに他学年）には干渉しづらい環境があるといいます。そのため、一般的な企業の先輩後輩のような人間関係がつくりづらく、何か悩みがあったとしても相談できずに孤立してしまう先生もいるようです。

　これは、教職員の多くが2、3年程度で異動するというシステムも影響しているでしょう。新しい環境に置かれるとただでさえストレスを感じますし、せっかく時間をかけて環境に慣れて人間関係を築いたとしてもまたすぐに異動となるのですから、その心労は計り知れません。

◆ストレスを抱えているときの機嫌は？

　労働時間が長く、仕事量も多く、相談できる相手や時間もない。

それでも公務員という立場上、「きちんとやらなければならない」
と考え、苦しんでしまう方が多いのではないでしょうか。

「授業が終わっても事務作業が山積み」
「家に帰ってから明日の授業で配るプリントづくりをしなくては」
「異動先のやり方がわからない」
「子どもたちが話を聞いてくれない」
「授業中に子どもたちが勝手に立ち歩く」
「保護者からクレームをもらった」
「仕事の悩みを相談できる人がいない」

　さまざまな環境や状況、人間関係などが疲労感やストレスの原因
となっていることでしょう。
　では、**これらの状況下にあるときの自分の感情を思い出して**みて
ください。

「事務作業が山積みでイライラしていた」
「プリントがまだつくれていないので焦っていた」
「やり方がわからないので、不安だった」
「話を聞いてくれないのでがっかりしていた」
「勝手に立ち歩くのでムカついていた」
「クレームをもらって心配だった」
「悩みを相談できる人がいなくて辛かった」

　うまくいかない理由や原因、感情はさまざまですよね。
　さらに、そのときの心の状態はどうだったかと問われるといかが
でしょうか？　どれも「不機嫌」な状態ではなかったでしょうか？

「イライラしていた」
「不安だった」
「焦っていた」
「ムカついていた」

すべて
不機嫌な
気持ちでは？

ストレスを感じるとき、物事がうまくいかないとき。理由や原因はそれぞれですが、自分の機嫌で考えると、すべて"不機嫌"ではなかったですか？ 私のメソッドでは、この自分の機嫌に注目していきます。

第1章 先生のメンタル・マネジメント 編

　イライラ、焦る、不安、がっかり、ムカつく、心配、といった感情は、ニュアンスの違いや程度の差はありますが、機嫌が良いか悪いかでいうと、悪い状態だったかと思います。
　私は、**メンタル・マネジメントにおいてこの「機嫌」に注目**しています。次の項では、心の状態である「ご機嫌」「不機嫌」について紹介します。

PART 2 心の状態は2つしかない

> **心をマネジメントしよう！**
>
>
> **POINT**
> - 「するべきことをする」
>   だけでなく
>   「するべきことを
>   機嫌良くする」

◆ 心の状態は、機嫌が良いか悪いかの2種類

　私は、心の状態を大きく2つに分けて「フローな状態（機嫌が良い）」「ノンフローの状態（機嫌が悪い）」と表現しています。心の状態は、実はこの2つしかありません。
　何かの出来事があって「ものすごく機嫌が悪い」とか、何かプレゼントをもらって「ものすごく機嫌が良い」とか、どちらかに強く振りきっていると心の状態はわかりやすいですが、「なんとなく機嫌が良い」、「どちらかといえば機嫌が悪い」「安定している」というような状態ももちろんあります。それは、フローかノンフローか、その真ん中あたりかはっきりしないだけで、心の状態が存在しないわけではありません。

フローな状態というのは「ゆらがず、とらわれずな感じ」「機嫌の良い感じ」「自然体な感じ」というイメージです。一方、ノンフローな状態というのは、前述のイライラ、焦る、不安、がっかり、ムカつく、心配といった心の状態で、「ゆらぎ、とらわれている感じ」「不機嫌な感じ」「自然体じゃない感じ」です。

このフローという言葉は、心理学博士のチクセントミハイという学者が名付けた概念です。

「どんな職業であろうが行動であろうが、自分のパフォーマンスが自分らしく発揮できているときは、みな共通した心の状態であり、それは心の状態として、流れたような、もしくはとどまっていないような感じ」であることから、フローやフロー状態と呼称したといわれています。

フローな状態の究極が、スポーツなどで「ゾーンに入る」といわれる状態です。これは、「それをすること自体が楽しく、思わず没頭してしまう状態」で、お金がもらえるからという理由や目的があって"やらされている"のではなく、"楽しい"といった何かしらの内側からの動機により行動している究極の心の状態です。トップアスリートが自分の持つパフォーマンスを発揮できたときに、「ゾーンに入った」というように使われます。

日常でゾーンに入るのは簡単なことではありませんし、入ろうと思って入れるものでもありません。

私は究極のゾーンに近い状態よりも、「ゆらがず、とらわれずな感じ」「機嫌の良い感じ」「自然体な感じ」といったもう少しライトな感じの状態をフローと考えています。「ゾーンに入る」という究極な状態は、入ろうと思って入れるものではありませんが、まずは自分の心の状態があることに気づき、その矢印をフローのほうに傾かせることが"ごきげん思考"の原点です。

◆ 自分のパフォーマンスを最大限発揮するために

　多くの人は、大きくフローに傾いたとき、あるいは大きくノンフローに傾いたときにしか「機嫌」を自覚していませんが、どんな人でも常に機嫌の良い感じと悪い感じが切り替わりながら日々を過ごしています。そして実は、この**機嫌の状態こそが自分自身のあらゆるパフォーマンスの質を決めている**のです。

　機嫌が良くフローな状態のとき、自分自身のパフォーマンスはどうなっているかを想像してみてください。機嫌の悪いときに比べてやるべきことに集中しやすく、仕事のパフォーマンスも高いのではないでしょうか。

　"すること"そのものの量や種類は変わりませんが、それを機嫌良くやるか、不機嫌な状態でやるかによって、"する人"のパフォーマンスは変わります。

　さらに、機嫌が良いほうが人の話が素直に聴けたり、人にやさしくなれたりするなど、人としての機能も上がるでしょう。機嫌が悪い人のところよりも、機嫌が良い人のところに人は集まるものです。

　真面目な先生であればあるほど、「するべきことを、きちんとする」と考える方が多いかもしれません。

　でも私は、**「するべきことを、機嫌良くする」と考えることが、自分のパフォーマンスを発揮させることにつながる**とお伝えしたいのです。

　それも、誰かに機嫌をとってもらうのではなく、**自分で自分の機嫌をとる、自分自身の心をマネジメントする、**というのがポイントとなります。これによって、うつ病といった精神疾患の原因となるストレス状態からフリーになることができるのです。

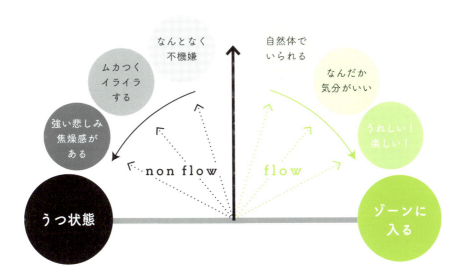

心の状態

心の状態は、どんなときでも、どんな人にも存在しています。ほとんどの人が自覚していないだけで、この図のように、人は常に機嫌の良い感じと悪い感じが切り替わりながら日々を過ごしています。そして、この機嫌の状態こそが、自分自身のパフォーマンスの質を決めているのです。

PART 3

ストレス状態とストレッサー

心をマネジメントしよう！

POINT

- ストレッサーはコントロールできない
- ストレス状態をマネジメントする

◆ ストレス状態とストレッサーは違う

　心の状態はフローかノンフローかの2つしかないとお伝えしました。フローな状態のほうがパフォーマンスを発揮できるとすれば、常にフローな状態でいたいですよね。でも前述のとおり、環境が、状況が、人間関係がそうはさせてくれません。不機嫌な感じというのはストレスを感じているときともいえます。

　この「ストレス」について、整理しておきましょう。ストレスは「ストレスがある」「ストレスを感じる」と表現しますが、「ストレスにさらされている」という外的な刺激に対して使用することもあります。

　この外的な刺激は、正確には「ストレッサー」であり、「ストレ

ッサー」によって自身の心に生じる状態を「ストレス状態」と呼びます。この本では、この「ストレッサー」と「ストレス状態」をはっきり区別する必要があります。

◆ストレッサーは外的な刺激

「ストレッサー」とは、人にしても、ものにしても、状況にしても、ストレス状態という心の状態を引き起こす外的な刺激です。仕事量の多さ、赴任先の慣れない環境、クレーム、人間関係などなど、ストレス状態を引き起こす外的な刺激のことを指します。

そもそも、私たちは生まれてから死ぬまで、あらゆる外的刺激と直面します。暑い、寒いといった気候も刺激ですし、受験やスポーツの試合も刺激です。仕事だけでなく、家族を含めた自分以外の人もさまざまな刺激を私たちに与えます。

外部からの刺激を感じとるのは脳であり、脳が刺激と感じるものはすべて「ストレッサー」になりえます。また、睡眠不足や風邪などの体調不良、自分の能力不足といったことも「ストレッサー」になります。

そう考えると「ストレッサー」を良し悪しで一概に分けるのは難しいものです。試合に勝つことでプレッシャーを感じてストレス状態になることもありますし、試合に負けて感じたストレス状態が次への糧になることもあります。すべての刺激は「人として成長するための負荷」ととらえることもできるかもしれません。

ただ、中にはパワハラやセクハラ、有害物質への暴露（さらされること）など、悪質なストレッサーもあります。このようなストレッサーは根絶させる必要があります。学校の先生の仕事量過多による「ストレッサー」も、すべてを「甘んじて受け入れろ」と忍耐を

強いるのではなく、環境の改善やIT導入で負担を軽減できる点に対しては、改革の努力がなされることを望みます。

◆ストレッサーがこの世からなくなることはない

しかし、そのような理不尽なストレッサーは別として、外的な刺激という意味では、この世からストレッサーがなくなることはありません。何がストレッサーになるか、人によって種類や量も違いますし、ひとつのストレッサーが消えても、また新たなストレッサーが訪れるでしょう。

例えば、相性の悪い校長先生が別の学校に転任したとしても、新しい校長先生との相性はもっと悪いかもしれません。保護者のクレーム、学級崩壊、いじめ問題といった学校内の問題だけでなく、電車の遅れやレストランでの店員の接客態度の悪さ、悪天候など、すべてのストレッサーは自分自身でコントロールできるものではないのです。

そのひとつひとつを解決しよう、対処しようと努力しても「もぐらたたき」状態が続き、その行為自体でストレス状態になってしまうことだってあります。

◆ストレス状態をマネジメントする

そこで大切になってくるのが、ストレッサーをなくすことではなく、ストレッサーに向き合ったときでも、心にストレスを抱えないよう自分でマネジメントすることです。

それは、自分にとってストレッサーになるものとできるだけ交わらないように選り分けるということではありません。自分の外、外

私たちはストレッサーに囲まれている

　たくさんの仕事、ソリの合わない人、試験勉強、夏のジメジメした暑さ……。病気、異動、結婚、離婚、身内の死といったライフイベントも、人によってはストレス状態につながるかもしれません。でも、これらは誰にでもどこにでもあります。同じストレッサーに向き合っても、ストレス状態と感じない人もいます。ストレッサーをどうとらえるかは自由ですが、あなたはどう考えますか？

界における出来事や人、自分の体調でさえすべてがストレッサーになりうるのだから、自分の心を整えマネジメントしようということです。
　ストレッサーは変えられませんが、自分の心はマネジメントすることができるのです。

PART 4 ノンフロー状態を導く脳の反応

心をマネジメントしよう！

POINT
- ストレス状態は、現代人が自らによってつくり出したもの

◆ストレス反応は動物として備わったシステム

　ストレスフルな状態、つまりノンフローな心の状態にあると、体はどんな反応を示すのでしょうか？

　相性の悪い人、仕事が山積みの状況、睡眠不足……、人はさまざまなストレッサーに接すると、まずは脳が反応します。ストレッサーの種類はどうであれ、ストレッサーによってストレス状態になる仕組みは同じです。

　まず、自分にとって負荷となる刺激が情報として脳に送られ、感情の中枢である脳の中の扁桃体というところに反応を起こし、大暴れをします。

　この扁桃体の大暴れは、さらに副腎を刺激。副腎から出るホルモンが血圧や心拍数を上げたり、自律神経が血管を収縮させるなど、

体を一種の戦闘態勢にします。

この仕組みはいわば本能で、**猛獣に襲われたときなど危険なものから逃げるための体の準備反応**といえます。生命の危機を察知したらすばやく体が反応しなければ死んでしまいます。ストレス反応は、動物としての人間に備わったシステムなのです。

◆人間特有のストレス反応

動物は、生命維持のためにのみ行動しますが、人間は進化の過程で「外界に対して考え反応する力」である、"認知機能"を手に入れました。これは、**何をしたらいいか、行動の内容を明確にして実行に結びつける高等な脳機能**です。

人間は、この認知機能のおかげで文明が発展したといえます。外界の情報を処理して自分の行動内容に結びつけることができるのは人間だけで、この脳の進化が道具をつくり、言葉を生み、現代社会をつくり上げたのです。

同時に、言葉が生まれたことにより、意味も生まれました。なぜ、どうして、を常に考えるようになったのです。この認知機能は、休むことなく外の世界と向き合って、意味を考えて行動を促します。この機能によって、**人間は自らの心の状態も外界の出来事に左右されてしまうようになった**のです。

◆現代社会における新しい生命の危機

サバンナのシマウマやインパラのように猛獣に襲われるといった出来事は、日本の現代社会で頻繁に起こることではありませんが、現代ではさまざまなストレッサーがあり、常に刺激が私たちを襲い

ます。そのため、日常的にさまざまな変化が体や心の中で起き続けているという状態になっています。

ストレッサーの種類と頻度は昔に比べて格段に増えているにもかかわらず、走って逃げたり闘ったりする生命維持のための反応は必要ありません。それにもかかわらず、脳はストレッサーの刺激に反応し続ける、つまり暴走し続けてしまうのです。一種の戦闘態勢が常に続くことにより、心身が疲弊してしまうのはいうまでもありません。

ノンフローな状態とは、**脳の暴走を起点として、自律神経とホルモンのバランスが悪くなっている状態**です。

このバランスの悪さが、体にさまざまな状態を引き起こし、病気をつくり出しています。ガン、感染症、そして心筋梗塞や脳卒中の原因となる動脈硬化も、ノンフロー状態が生み出す自律神経とホルモンのアンバランスから生じていることが、最近明らかになってきました。これらは現代の人類にとって、新しい生命の危機といえるかもしれません。

不機嫌なストレス状態は、心の病をも引き起こします。自律神経とホルモンのアンバランスは、脳そのものにも悪さをすることがわかってきました。うつ病や認知症に関連があるとされる「海馬」という脳の部位が、自律神経とホルモンのアンバランスによって萎縮してしまうのです。

ストレス反応は、かつて猛獣に襲われたとき、生きのびるために必要だったシステムです。その仕組みが、ストレッサー過多の現代社会においては日常的なストレス状態を生み出し、それが脳にダメージを与え、さまざまな病気を引き起こしているといえます。

ストレス状態とは、**現代人が自らの脳機能によってつくり出したもの**なのです。

28

ストレス状態は生きるための脳反応

第1章　先生のメンタル・マネジメント　編

動物が危険を"察知"して"逃げる"という行動をとるのは、このストレス反応によるものです。生命維持のための本能であるはずのストレス反応ですが、人間は、この認知機能の暴走によって日常的なストレス状態を生み出します。動物は文明を発展させるほどの認知機能を持っていませんが、ストレスを抱えてうつ状態になったり、自殺をすることはありません。

PART 5 "ごきげん"の陸地に上がるために

心をマネジメントしよう！

POINT

- ストレッサーの種類や量に関係なく自分自身をストレス状態からフリーにする

◆ストレス状態から心の病になる前に

　ストレス反応という生きのびるためのシステムによって、ストレス状態が生み出される。さらに、それが脳にダメージを与えることによってさまざまな病気が引き起こされているという、現代文明人の矛盾をお伝えしました。
　では、この矛盾をどう克服したらいいでしょうか？
<mark>「我慢する」「がんばる」というモードでストレッサーと闘い続けていては、結局ストレス状態に耐えられず、ポキッと心が折れてしまう</mark>ことでしょう。この状態がうつ状態なのかもしれません。
　一方、先生方の中には、心が折れてしまわないように「逃げる」「あきらめる」ことで心の平静を保とうとする傾向の人も見受けら

れます。このタイプの方は、クラス内でいじめなどの問題が発生しても見て見ぬふりをしたり、新任の先生に相談をもちかけられても我関せずという態度をとったり、事なかれ主義を貫こうとします。

　現在、新型うつ状態の人が急増していると聞きます。新型うつは、自分のやりたいことはできても、イヤなことはできなくなるという症状があるそうです。それは意図的ではなく、やりたくないことをやるときは鉛のように身体が重くなり動かなくなるといった特徴的な疲労感を抱えるようで、休職を訴える人も少なくありません。「逃げる」「あきらめる」タイプの人は「我慢する」「がんばる」タイプの人のように心が折れることはありませんが、**「逃げる」「あきらめる」の状態が強く長く続いて恒常的になってしまうと、この新型うつの状態に陥ってしまう恐れがあります。**はじめは「我慢する」「がんばる」モードでいた先生が、「このままでは心が折れてしまう」と防衛本能を働かせた結果、「逃げる」ようになったケースもあるでしょう。

　折れるのも、逃げるのも、それが常態化してしまえば心の病です。病気になってしまう前に、自分自身をストレス状態からフリーにする方法を知ることが大切なのです。

◆ 自分で自分の心をマネジメントする

　ストレッサーをなくすことはできませんが、自分の機嫌をマネジメントすることはできます。それが、自分の機嫌を自分でとるということです。

　この本は、ストレスの海の中で泳ぎ続け、次々にやってくるストレッサーと闘うもしくは逃げ続けるための方法を伝授するのではありません。いかにうまく泳ぎ続けられるか、そのスキルやテクニッ

クを身につけたところで、いつか泳ぎ疲れてしまいます。また、ス
トレスフルな状態、つまりノンフローな状態で仕事をしても、あな
たの持つ能力や機能を最大限に発揮することはできないのです。

◆ ごきげんという陸地に上がる

　携帯電話を思い浮かべてみてください。それがどんなに機能の優
れた携帯電話であれ、圏外のエリアでいくら電話をかけようとして
も通話もメールもできません。その場でいかに電話をかけようか、
携帯電話を振ってみたり、天高くかざしてみたところで、電波は入
りません。そうではなく、まずはそこが電波の来ていない場所であ
ることに気づき、電波の届くエリアに行くことが大前提です。

　ストレスの海で泳ぐというのは、圏外のエリアでどうにか通話を
しようと、あれこれ考えあぐねている状態です。あなたの能力や機
能を発揮させるためには、まずは自分がストレスの海にいることに
気がつき、そこから抜け出してごきげんという陸地に上がることが
大切なのです。それが、自分の心は自分
で決めるということであり、「するべき
ことを機嫌良くする」ということ
です。現代社会においては、そん
なしなやかさやタフネス
があなた自身の魅力にな
ります。

　次の章では、ごきげん
という陸地に上がる方法
を紹介していきましょう。

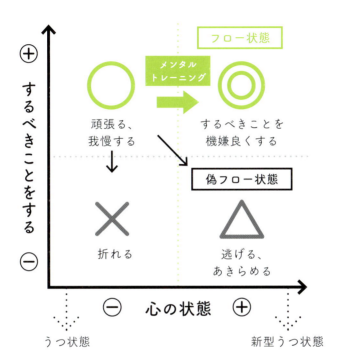

ほとんどの人は、上の図でいう○の状態。ストレスの海の中でがんばって泳いでいる状態です。同時にそれは、圏外エリアでなんとか電話をかけようとしている状態。心の状態に目を向けずにいると、泳ぐことに疲れて折れてしまったり、逃げることで折れるのを防ごうとします。そうではなく、心の状態に目を向け、「するべきことを機嫌良くする」ことの価値を知りましょうというのがこの本のメソッドです。自分で自分の機嫌をマネジメントするという"ごきげんの陸地"へ上がりましょう。

コラム1

思考するというメソッド

　私のメソッドは、「気づく」ことであり「思考する」「考える」ことです。ごきげんの陸地に上がるのに、特別な場所や時間、ましてやお金も必要ありません。ただ「考える」という方法です。

　では、なぜ思考するだけで自分の機嫌をマネジメントできるようになるのでしょうか？　それは、思考そのものにエネルギーがあるからです。思考は量子物理学のレベルでは"光"だと考えられています。光とは、すなわち波動です。自分自身をつくるのは、行動ではなく思考です。どんな思考をしているか、どんな意識を持っているか、それが個性でありあなたそのものなのです。

　また、思考や意識は、あなた自身の心をつくりあげているだけなく、エネルギーとなって周囲の人にも伝わっています。

　スポーツの試合などで応援が力になるということは実感としてわかるかと思いますが、それこそ、このエネルギーが伝わる感覚そのものです。

　とはいえ、「こうするべきだから」「こうやらなくては」という思考だけでは、自分の機嫌をマネジメントすることはできません。「ごきげん思考で授業をやらなければ」「辻メソッドを実践しなくては」と義務感で考えるのではなく、「するべきことを機嫌よくする」ことの価値を知り、その意識をまず自分自身の中に持つことが大切です。

「授業を変える」という意識ではなく、「ごきげん思考でいることが自分のためになる」という体感を持つことによって、自ずと授業が変わっていくのです。

第2章

自分の心を
マネジメントする
編

PART
1 認知脳の働き

ライフスキル脳を磨く
実践編！

POINT

● 認知脳は物事を分析し、
するべきことを
決定する大切な機能

◆ 心は常に存在している

　1章で、心と脳の仕組みやストレス反応について知識としてご理解いただいたところで、ここからは、自分で自分の機嫌をマネジメントする方法を紹介していきます。

　心の状態は、大きく分けると「フロー（ご機嫌）」と「ノンフロー（不機嫌）」の2つしかないとお伝えしました。「なんとなく機嫌が良い」「なんとなくイヤな感じ」というように、自分で感じにくい状態もありますが、感じにくいというだけで心の状態がないわけではなく、常になんらかの状態が存在しています。

　普段は、フローかノンフローに大きくゆらいでいない限り心の状態を意識しておらず、心の存在に気づけないことが多いのです。しかし例外はなく、必ず心は存在し、その人のパフォーマンスを左右

します。

　フローな状態で授業をすれば、自分の持つ機能を最大限に発揮することができるでしょうし、ノンフローな状態では機能が極端に低下します。イライラしているとするべきことに集中できない、という経験は誰しもあるでしょう。

　それでも、誰でもノンフローな状態に陥ります。前述のとおりストレッサーは身のまわりに多くありますし、外的要因をこちらでコントロールすることはできません。**フローな状態のほうがいいとわかっていても、実際には日々の生活や仕事で心がゆらいだり、不機嫌になってしまうのが現実**です。実は、これらのゆらぎを心に起こしているのは、人間の脳の機能なのです。

◆認知という脳の機能

　私たちが普段使っている脳の機能は「認知」です。この認知は結果のために３つの機能を司っています。

1　外界と接着する機能

2　行動の内容を決定していく機能

3　外界の出来事に対して意味付けする機能

　まず１は、**環境や出来事、他人など、外界を気にする働き**です。天気といった環境がどうか、スポーツの結果がどうなっているか、仕事関係者が何を言ったかなど、人間の関心が外界に向いているのは、この認知の機能によるものです。

　２つ目の行動の内容を決定していく機能は、自分のすべきことを決定するために、**１の機能で得た情報を分析して判断し、いかすという役割**です。

　例えば、１の機能で「雨が降っている」という情報を得たら、濡

認知脳の働き

①雨が降っているという外界の状況を察知し、②傘をさすという行動を選ぶ。この行動が決定できるのは、認知脳の働きによるもの。人間はこれに加えて③雨が降って憂鬱だという意味付けをしてしまう。これがゆらぎの正体。

れないという結果のために、「傘をさす」という行動を決定します。これを判断して決定できるのは、認知脳の働きによるものです。外界に影響を受け、それを判断して自分が何をするのか決定、実行する。人間が火を使い、道具をつくり、インターネットを開発したのも**すべてこの認知脳による行動内容の進化があったから**です。

そして３つ目は、外界の出来事に対して意味付けする機能です。外界の出来事に対して行動を促すため、そして感情を生み出すために、意味付けをするという機能です。これは**人間だけが持つ機能で、この意味付けによって感情が生み出されます。**

「雨が降ってきたから傘をさそう」

この行動は、認知脳の１、２の機能によるもので動物が持つ原始的機能で、もともとは危機を感じたときの生命維持に必要な機能として存在しています。

しかし、人間だけが持つ３つ目の機能では

「雨が降っているから憂鬱だな」

と意味付けをしてしまうのです。これこそが、ゆらぎの正体です。雨が降ったら濡れないように傘をさすという行為を決定し、実行すればいいだけなのに、ノンフローになってしまうのです。

さらにこのような感情のゆらぎは、潜在意識の中に蓄積されていきます。例えば、何かの出来事があって「この人は苦手だ」と認知脳が意味付けをすると、「苦手な人、イヤな奴」という意識がインプットされます。すると、次にその人に会ったときに、何も出来事がなくてもインプットされた「イヤ」な気分にゆらぎ、不機嫌な状態が生じてしまうのです。

人間が人間であるかぎり、認知の機能を手放す訳にはいきません。認知の機能を育むことで、人間として成長するのも確かです。**認知は、心を整えることが苦手なので、ノンフローな状態を生み出してしまいます。**

でも、心のゆらぎや不機嫌さからいち早く解放され、フローな状態に切り替えることはできます。

それがライフスキルと呼ばれる第二の脳機能です。次のパートでは、このライフスキル脳を説明していきます。

PART 2 ライフスキル脳を磨く

ライフスキル脳を磨く実践編！

POINT
- 第二の脳「ライフスキル脳」を磨くことで心が整う

◆ 心を整える第二の脳

　認知脳の機能「意味付け」によって人間は、とらわれ、ゆらぐというノンフロー状態になると説明しました。このノンフロー状態は、ストレス状態を生み出し、さまざまな病気を引き起こしたり、人間の機能を低下させ、パフォーマンスを悪くします。
　第一章で例に挙げた
「事務作業が山積みでイライラしていた」
「話を聞いてくれないのでがっかりしていた」
「授業中に子どもたちが勝手に立ち歩いてムカついていた」
といった状態も、すべてノンフローな状態といえます。
　そこで、"自分の心を整える"ための第二の脳が必要となります。スポーツの世界では、

「先制点を入れられて焦る」

「チームメイトのパフォーマンスが悪くてイライラする」

などと、心がゆらいでいる状態では結果を残すことができないので、とくにこの心を整える脳機能が必須です。応用スポーツ心理学では、この第二の脳を「ライフスキル脳」と呼んでいます。

第二の脳といえる「ライフスキル脳」は、**認知脳の暴走によるノンフロー状態を切り替え、フローな風を心に吹かせる機能**です。

認知脳が外界と接着するのに対し、ライフスキル脳は、自分の内側に向き、心の状態を変えようとする内向きの働きをします。

心の状態、感情は心自体では変えることができません。変えることができるのは脳です。**ライフスキル脳は、心をフロー状態に傾けるためだけに存在する機能**といっても過言ではありません。

つまりライフスキル脳を使えば、認知脳の働きによって心がノンフロー状態になってもその状態に気がつくことができ、心をフロー状態に傾けることができるということです。

◆ライフスキル脳を使っていないのが現状

前章でもお伝えしましたが、もう一度携帯電話を例にあげてみましょう。携帯電話が圏外であったりつながりが悪いと気づいたら、その場で電話したりメールしようとがんばるのではなく、電波の届く場所まで移動しますよね。このとき、**なぜそこが圏外なのか、どのような理屈で圏外からアンテナ1本に変わるのかということを気にする人はほとんどいない**と思います。

人の心もこれと同様です。圏外やつながりが悪い状態というのが、ノンフロー状態だと考えてみてください。その場で電話やメールをしようとあがくのが、第1章で例に挙げた"ストレスの海で泳いで

いる"状態です。

　ノンフロー状態になったとき、つまりストレス状態を抱えたときに、なぜノンフローになったのかの理由や原因を考えるよりも、そこから移動してフローの状態にすることのほうがずっと大切です。

　携帯電話の場合、携帯電話自体が圏外からアンテナありの場所に移動することはできませんが、人間の場合はライフスキル脳の機能が備わっていれば、圏外状態（ノンフロー状態）に気づいてアンテ

ライフスキル脳を磨くプロセス

STEP 1	知る	心と体の仕組み、ストレスの仕組み、認知脳とライフスキル脳について知る、理解する
STEP 2	考える	仕組みを理解したら脳が意識してみる、つまり「考える」「気づく」という実践をする
STEP 3	体感する	実践して生じた心の変化、ライフスキル脳を磨く価値を体感として感じとる
STEP 4	シェアする	感じとった価値を人に話し、分かち合う
STEP 5	くり返す	STEP1からSTEP4を繰り返す。このプログラムによって鍛えることで自動的に心がノンフローからフローに整えられるようになる

ナのあるほう（フロー状態）へ切り替わることができるのです。

しかし、**いつも認知脳だけを使っていると、このライフスキル脳は錆びついて働かなくなります。**ほとんどの人が、ライフスキル脳の機能を使えていないといえるでしょう。

そもそも人間は、脳の３〜４％しか使えていません。残りの97％くらいはいくらでも使い勝手があるのです。英語や中国語がまったく話せなくても、勉強すれば少しずつ話せるようになります。まったく運動していない人でも、コツコツ筋トレをすれば少しずつ筋肉がついていきます。それと同じで、ライフスキル脳も意識して使うことで、新しく機能を働かせることができるのです。

◆ライフスキル脳を磨くために

ライフスキル脳を磨くためにはいくつかのステップがあります。

まずはこの脳や心の仕組みを理解し、知識として身につけることです。次に、知るだけではなく、実際に意識すること。知識を使って"気づく""考える"という「実践」が必要になります。ライフスキルとは、フローな風を吹かせる心のための思考です。**私のメソッドはこの思考、つまり"考える"ということが主体**です。

そうしてライフスキル脳の働きを意識していくと、認知脳だけを使って生きるのとは違う感覚、"体感"を覚えます。その感覚を人に話し、シェアしていくことも大切です。

これらのプロセスを繰り返すうちに、**脳にこの回路が形成され、ノンフロー状態からフロー状態への切り替え力**が磨かれます。これによって、少しずつストレス状態から解放されメンタル・マネジメントがうまくいくようになるのです。この２章では、ライフスキル脳を磨いて心をマネジメントするメソッドを紹介していきます。

PART 3 2つの脳を使いこなす「バイブレイン」

ライフスキル脳を磨く実践編!

POINT
- バイブレインで生きるということが「ごきげん思考」

◆認知脳とライフスキル脳の両方を働かせる

　外界と接着して意味を考えたり、分析したり、パフォーマンスの内容を決定するのが「認知脳」だとお伝えしました。この認知脳は人間社会において教育を受けることや他人とコミュニケーションをはかることで発達していきます。

　しかし、意味付けをし、さらにその意味付けによって心をゆらがせてしまうことなどから、心にとっては良い働きといえないのも事実です。認知脳があるから文明人として生きられると同時に、一方で不機嫌になってストレスも抱えます。心を乱してゆらいでいる状況というのは、認知の脳が暴走している状況です。

　この暴走に気づき、自分の心を整えることができるのが、自分の内側の心の状態をマネジメントするライフスキル脳です。

◆するべきことを機嫌良くする

　このようにお伝えすると、私のメソッドが認知脳を否定していると認識されがちです。認知脳だけが発達することによって暴走が生まれ、ストレス状態、さらにはうつ状態を引き起こすのは確かですが、「するべきこと」はしっかりとやらなければなりません。「するべきことをするのは辛いからライフスキル脳だけを働かせて生きていこう」と言いたいのではなく、あくまで**第一の脳である認知をより良く働かせ、同時に第二の脳で心をマネジメントしていこう**という提案です。認知脳とライフスキル脳のバランスが良ければ、つまり、外界に目を向ける機能と同じくらい自分の内側に目を向けていれば、認知脳の暴走は起きにくくなるのです。

　仕事や行動におけるパフォーマンスやスキルを磨くのは認知脳の働きです。しかし、パフォーマンスの質を担保しているものは心です。心がゆらいだりとらわれると、全体が不安化するのでパフォーマンスの質が悪くなります。パフォーマンスの質が悪くなるというのは、思考の質が悪くなり、仕事の質が悪くなり、日常の質が悪くなるということです。そういう意味で**「するべきことをする」だけでなく、「するべきことを機嫌良くする」のが大切**なのです。

◆「ごきげん思考」で生きるということ

　このような生き方を、２つの脳が働いていることから「バイブレイン」と呼んでいます。
「バイリンガル」を例にあげてみましょう。バイリンガルとは、母国語以外にもうひとつの言語を持ち、使いこなしている人を指します。海外生活経験があるとか、親が外国人といった理由で日本語

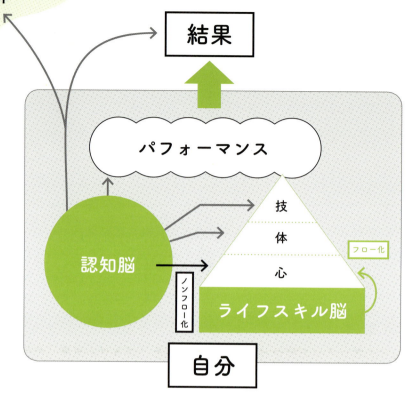

　土台である心がゆらぐとパフォーマンス全体がゆらぐのは、パフォーマンスはこの図のようなメカニズムになっているからです。第一の脳である認知脳は、結果のために何をすべきかを考えます。外界と接着して情報を得たり、技、体を磨くことを考えます。その土台に心があるのですが、結果から物事を見ると心はとても見えにくいのです。ましてや心を担当する脳はもっと見えにくいため、認知脳だけで考えようとしてしまいます。心を担当するライフスキル脳を磨いていれば、自分のパフォーマンス、さらに自分そのものがおのずと強くなっていきます。

以外に英語も使いこなせるといった具合です。
　しかし小さい頃に海外生活をしていてバイリンガルだった人でも、日本の生活が長くなり、英語を日常的に使わなくなると英会話力が衰退し、バイリンガルでなくなる状況に陥ります。
　バイブレインをこれと同じように考えると、**第一の脳である認知**

脳だけを使って生きていると、第二の脳であるライフスキル脳の機能が衰退し、バイブレインで生きることが難しくなります。

さらに第二言語である英語が使えなくても生きていくことができるように、ライフスキル脳を磨かなくても生きていくことはできます。ライフスキル脳を磨くことそのものが難しいスキルなのではなく、その脳を磨き続けて自分のものにし、バイブレインとして生きていくことが難しいのです。

では、なぜバイブレインが良いのかというと、心はパフォーマンスの質を左右するので、心を整えるライフスキル脳を磨くことでパフォーマンスが安定します。認知脳だけでやりくりしている人に比べ、人生の幅も広がります。これは、日本語だけで生きている人より第二言語を持っている人のほうが、人生のさまざまな場面で豊かに生きていけるのと同じことです。

バイブレインを持つバイブレイナーこそ「ごきげん思考」で生きる人であり、ごきげん思考で生きることが、授業だけでなく人生を豊かにするキーワードだと思っています。

「ごきげん思考」というと、ポジティブ思考や楽観的な思考と思われがちですが、外界に向いてパフォーマンスを決定する認知脳と、自分の心を整えるライフスキル脳の２つの脳を働かせて生きること、つまり「するべきことを機嫌良くする」ことが「ごきげん思考」です。するべきことを機嫌良くやって生きることが、ごきげん思考で生きるということなのです。

私が懸念するのは、ほとんどの人が認知脳ばかりを働かせて、第二の脳である心のためのライフスキル脳を磨いていないということです。バイブレイナーである「ごきげん思考」で生きるために、第二の脳であるライフスキル脳を磨いて心をマネジメントするメソッドを紹介していきます。

第２章　自分の心をマネジメントする　編

PART 4 意味付けに気づく

ライフスキル脳を磨く 実践編！

POINT

● 外界の物事にもともと
意味があるのではなく、
自分が意味付けを
していると気づく

◆この世に"イヤな雨"は存在しない

「雨が降っているからイヤだな」

「あの授業は憂鬱」

「あと5分しかない！」

「遠方に出張で、飛行機に乗るから大変」

　認知脳の機能である「意味付け」により、人間はゆらぎや不機嫌な心の状態、つまりノンフローになることを説明しました。上記の例でいうと、ノンフローになる原因は

「雨のせい」

「授業のせい」

「あと5分のせい」

「出張のせい」

と考えがちですよね。認知脳は常に不機嫌を生じさせる意味付けをしてしまいます。

しかし、ちょっと考えてみてください。そもそも"イヤな雨"は降っていますか？　他の誰かからしたら、その雨は"恵みの雨"かもしれません。**本来は雨そのものに意味などないのに、自分の都合や置かれている状況で、イヤな雨にも恵みの雨にもしてしまうのが人間**です。

雨が降るというのは、ただ水が降っている状態です。「雨」を認知したら、傘をさせばいいだけ。そこに「イヤだな」と意味を付けているのは自分なのです。

授業にしても、自分が憂鬱と意味を付けているだけで"憂鬱な授業"や"憂鬱な仕事"など存在しません。

また"5分"という時間に、短いという意味も反対に長いという意味もありません。例えば、授業開始直後の5分と、終了直前の5分はもちろん同じ長さです。「まだ5分だから余裕」「残り5分だから焦らなきゃ」など、**同じ5分という時間にさえ勝手な意味付けをして、ゆらいだり機嫌が悪くなったりしている**のです。

同様に、"遠くに行くのは大変"というのも意味付けです。例えば飛行機で移動する行為に対して、「飛行機で行くのは遠くて大変」と意味付けしがちですが、「飛行機に乗って行くから遠い」場所というのはこの世に存在しないのです。

◆意味付けを重ねている自分に気がつく

これらの意味付けは人間だけが持っている機能です。

サバンナに雨が降っても「今日も雨か……」と落ち込むライオン

雨に意味が付いていますか？

雲から水滴が落ちてくる現象に対して、「イヤな雨」「恵みの雨」など勝手に意味を付けるのが人間です。自分で付けた意味によってネガティブな感情を抱き、ノンフローになっているのです。そのことに気づいたら、それだけでもノンフローな感情が少し落ち着きませんか？

はいませんし、「遠くて面倒臭いな……」と思いながら歩くラクダはいないのです。

　他人に対しても、脳内で"苦手な"人をつくり、意味付けの色眼鏡で見ています。自分で当たり前だと思っていた意味付けは、いつしか自分の中で「常識」となり、それと違う価値観を持った人や行動をする人に会った時に、その人たちを"ありえない"とさらに意味付けします。それをきっかけに、「あの人とは合わない」「ムカつく」と意味付けを重ねます。

学校、職場、家庭などあらゆる場で、古くから人は人間関係に苦しんで生きています。それは、この意味付けの脳機能があるがゆえのことなのです。

脳の機能である意味付けの暴走は、止めることができなくなっています。とはいえ、**誰かに対して「ムカつく」という感情を持つことがいけないことだと言っている訳ではありません。**認知脳は常に機能しているので、"誰しもが"人に対して、またあらゆる外界のモノゴトに対して、常に意味付けをしていきます。このことを、自分事として知っておきましょう。

◆ネガティブな意味付けをしがち

もちろん、この意味付けは、いい感情も生み出します。
「晴れているだけで、なんかうれしい」
「得意な授業は楽しい」
「いつもより5分も早くてうれしい！」
「仲の良い同僚との出張で気が楽」
など、これも認知脳が外界と接触して意味を付けた結果です。

しかし、もともと脳機能の習性としては、人はネガティブな意味付けを起こしやすいという特徴があります。それは、この認知の機能が危険に対応することに端を発しているからで、安心や喜びよりも不安や恐怖といったネガティブな感情のほうが生じやすいようにできているのです。

"苦手な人がいなくなる"メソッドはありませんが、**"苦手という意味付け"に溺れることからいち早く切り替えて、新たな自分で自分らしく生きるためのメソッドはあります。**それが、認知脳だけでなくライフルスキル脳を働かせるということです。

PART 5 "ポジティブ思考"の限界

ライフスキル脳を磨く実践編!

POINT

- 意味付けに意味付けを重ねることで対処しようと考える認知の働きが「ポジティブ思考」

◆「ポジティブ思考」や「プラス思考」とは？

　認知脳は外界と接着して、「環境」や「出来事」、「他人」に対して常に反応しています。また、それらに対して意味付けをし、「ムカつく」「イライラする」といった感情を引き起こし、心をノンフロー状態に傾けてしまうということを前項で説明しました。
　本来は意味など存在しないのに自分でつくり出した意味が暴走し、ストレスを感じてその意味の中で溺れている状態です。
　これらのストレス反応は、==認知脳の"意味付け"の暴走が原因であるにもかかわらず、人間はさらに意味を重ねることでこの状態を解決しようとしてきました。==
　それが「ポジティブ思考」や「プラス思考」と呼ばれるものです。

人間は意味を付ける生き物なので、その意味付けを利用して解決しようという考え方です。

　例えば、「黒」と意味付けをしたらストレス状態になったので、「白」と思うようにしましょうというのがポジティブ思考です。
「朝が早いといっても、3時間は寝られるのだからましなほうだ」
「口うるさくて苦手な先輩がいるけど、この人は私を成長させてくれる存在なんだ」
など、ストレス状態が起きないように、自分自身の意味付けにさらに意味を重ねて、プラスに塗り替えようと試みるのです。

◆ 認知による不快対策思考

　私はこの「ポジティブ思考」を不快対策思考のひとつだととらえています。不快対策思考とは、不快なことがあったときの認知脳によるストレス対策の機能です。不快対策思考には、大きく分けて4つの傾向があります。
1　外界を変えようと考える
2　行動をとろうと考える
3　気にしない、考えないと考える
4　ポジティブ思考、プラス思考
　1つ目は、**「外界を変えようとする」**ことです。
「苦手な人がいい人に変わらないか」と考える、雨が降っていたら「やまないかな」、仕事が始まる月曜日の朝になると「早く週末にならないかな」と考えるといった具合です。これでは限りがないので、結局ストレス状態は続いてしまいます。
　そこで認知脳は**「行動をとる」ことで気分を変えようと試みます。**これが2つ目の対策です。

みなさんも、おいしいものを食べる、お酒を飲む、旅行をするなど、ストレス状態を切り替えるための行動パターンを何かしら持っているのではないでしょうか。しかし、行動をともなう対策はいつでもどこでもできるわけではありません。仕事中にお酒を飲むわけにはいきませんし、毎月旅行に出かけることも現実的ではないでしょう。行動をともなうストレス対策は、それと引き換えに時間やお

認知脳の不快対策思考による ストレス対策

ストレス原因となる外界を変えようとするも、状況は改善されず。それならばと「お酒を飲みに行く」など行動することでストレス状態を手放そうと考えます。しかし行動はいつもできるわけではないので「気にしないようにしよう」と試みます。それでも結局ストレス状態はなくならないので、意味付けを塗り替えようと無理なポジティブ思考が生まれます。そして、疲れるのです。

金、健康を手放す場合が少なくありません。

さらに認知脳は分析が得意なので、ストレスの原因を探して明らかにした上で、それが自分ではどうしようもできないことがわかると「気にしないようにしよう」と考えます。これが3つ目の**「気にしない、考えない」対策**です。

雨が降っても気にしない、ミスをしても気にしない、苦手な人のことは考えないようにする、と考えています。でも気にしないように意識しているのですから、「気にしている、考えている」とほぼ同意義で、**気にしてしまっていることに気づけていない**のです。

認知脳は、この3つの不快対策を繰り返しますが、結局ストレス状態を切り替えることができないので、4つ目の「ポジティブ思考」「プラス思考」が生み出されるというわけです。

◆ ポジティブ思考はあくまで認知の働き

本書では、認知の機能であるポジティブ思考を否定するわけではありません。プラスの意味付けで実際に心の状態が落ち着くこともあるでしょう。ただ、ポジティブ思考には限界があります。すべてにポジティブな意味付けをすることはできないからです。

ポジティブ思考はあくまで認知的で、ライフスキルではありません。外界に意味付けを重ねている状態であるため、パフォーマンスが最大限に発揮できるフロー状態にはなりにくいということに気づいてほしいのです。

ライフスキル脳を磨くということは、外界ではなく、自分の内側に働きかけることで認知の暴走を沈静化させ、心を整えるという思考です。これは認知の脳だけで解決しようとする「ポジティブ思考」とはまったく違う思考なのです。

PART 6 自分の心の状態に気づく

ライフスキル脳を磨く
実践編！

POINT
- 心の状態を表す言葉を書き出すことで自分の感情に気づく

◆ノンフローであることに気づく

　ライフスキル脳を磨くためには、まず自分の心の状態に気がつくことからです。程度の差はあれ、心はフローかノンフローのどちらかしかないということはお伝えしました。もちろん100％機嫌が良い、あるいは100％機嫌が悪いというだけでなく、中間あたりのなんとなく機嫌が良い、機嫌が悪いという状態も存在します。大切なのは、今、心の状態がどのあたりにあるのか、その矢印の傾きを自分で把握するということです。

　それは、「ノンフローになるのがいけません」あるいは「できるだけノンフローな状態に傾かないようにしましょう」ということではありません。ただ、**ノンフローな状態にあるときに、ノンフローであると気がつくことが大切**なのです。

1章で述べたように、心の状態を携帯電話のアンテナであると考えてください。どんなに機能の充実した電話であっても、圏外の状態では電話もメールもできません。

これと同じで、**あなたがどんなに優れた機能やスキルを持っていても機嫌が悪くノンフローという圏外状態であれば、その優れた機能を使うことができない**のです。

ノンフロー状態に気づかずにいるということは、圏外であることに気づかず電話をしようともがいている状態そのものです。圏外と気がついたら、あなたはどうしますか？　まず、電波の入る場所に移動しますよね。圏外に「気づく」ことで移動するという行動をとることができるのです。

人間も同じです。まずは**ノンフローであることに「気づく」ことが、次の行動に切り替えるきっかけとなる**のです。

それと同時に、自分が簡単にノンフローにならない自分づくりをすることも大切だといえます。すぐに圏外になってしまう携帯があったとしたら、使いにくくて仕方ありません。

自分の心の状態に気づくこと、また簡単に不機嫌にならない自分をつくること、そのどちらにも役立つのがライフスキルという思考であり、ライフスキル脳の機能です。

◆ 自分の持つ感情を書き出してみる

人間には、携帯電話のアンテナのように目で見てわかるような便利な機能はありません。自分の心の矢印がどのあたりにあるか気づくためには、自分の「感情」に気づくことが必要です。

認知脳は外界に向いているので自分の内側にある心の状態や感情に気づくことができなくなっています。そこで、まずは手帳などを

普段感じている感情を
書き出しましょう

- うれしい
- イライラする
- ムカつく
- 怒る
- 楽しい
- ドキドキする
- 不安
- 悲しい
- あせる……

使って自分の感情を書き出し、ライフスキル脳を鍛える練習をして
みましょう。

　自分の感情を思いつく限り書き出してみてください。感情に良い
も悪いもありませんので、自分が普段感じている感情、気持ち、気
分など心の状態を表す言葉をあげていくのです。

　ここでいう感情、気持ちとは、「休みがほしい」「おいしいものが
食べたい」「眠い」「疲れた」といった行動や出来事につながる思考
ではありません。

「ワクワク」「ドキドキ」「イライラ」

「楽しい」「嬉しい」「がっかり」

など"心が感じている状態"が表現されているかどうかが指標とな
ります。また、あなた自身が普段感じている心の状態を表現した言
葉であるかどうかを吟味することも大切です。

　やってみると少し難しく感じるかもしれませんが、最低10個、
できれば30個程度はリストアップしたいところです。

　そんなに多く書き出せないという人は、**自分の日常的な感情にあ
まり気づけていない**のかもしれません。でも気づいていないだけで、
感情がないときはありません。

「今どんな気分だろう？」と自問自答していると、日々の出来事
や外界の状況によって、また１日の間でも、さまざまな感情を抱い
ていることに気づくはずです。

　この感情リストには、日々の生活や仕事で新しく気づいた感情を
どんどん追加していきましょう。書き出しているうちに、自分でも
思いがけない感情があることに気がつくようになるでしょう。

第2章　自分の心をマネジメントする　編

PART 7 感情のリストをつくる

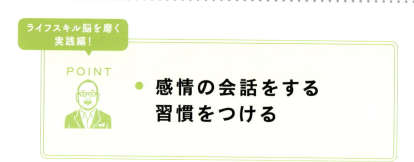

POINT ライフスキル脳を磨く実践編！
- 感情の会話をする習慣をつける

◆ 自分の感情を分類する

　感情を書き出すことができたら、それぞれの感情を分類していきます。そのとき、==感情を良い悪いで判断するのではなく、書き出した感情がフローなのかノンフローなのかを考え、評価ではなく分類します。==
　やり方としては、その感情でいるときに自分のパフォーマンスの質が高まっているかどうかをイメージすることです。パフォーマンスが上がっていたなら「F（フロー）」、パフォーマンスが下がっている場合は「N（ノンフロー）」と分類します。
　「ミスをして焦ったけど、それをきっかけにその後がんばることができた」という場合でも、事後ではなく心にその感情があったときのパフォーマンスで判断してください。焦ったことが良かったか

悪かったかではなく、焦りという感情にとらわれていたときのパフォーマンスがどうだったかと考えると、ノンフローな状態であるといえるでしょう。

また「ドキドキする」というように、恋愛や期待のドキドキもあれば、心配でドキドキという両方の感情を表現する言葉もあるので、その場合は、FとNの両方を書き記してください。あくまでも、自分の感情を軸に、分類をすすめてください。

このように**感情を書き、分類するだけでも、外界の出来事による支配が薄れ、自分の内側へと意識が向くようになる**と思います。続けていくうちに、「人生でいちばんうれしい」、「ものすごく怒っている」というように、フローかノンフローのどちらかに振りきった状態でなくても、常に感情が存在しているということを実感できるようになるでしょう。感情に気づくという力は、ライフスキル脳を磨く第一歩となるのです。

◆ 感情の会話を増やす

感情のリストができたら、**"感情の会話"を意識的に増やしてみましょう。**人間は感情の会話をするとき、フローの感情を話し合うとフローの感情が増えてフロー状態に傾き、ノンフローな感情を口にするとその感情は消えていくという習性があります。
「みんなが話を聞いてくれたね」
「休み時間にドッジボールやったね」
などと出来事だけの会話をするのではなく、
「先生は、みんなが話を聞いてくれてうれしかった」
「休み時間にやったドッジボールは楽しかったね！」
というように、感情の会話をするのです。フローな感情を話し合う

感情のリストをつくる

- うれしい（F）
- イライラする（N）
- ムカつく（N）
- 怒る（N）
- 楽しい（F）
- ドキドキする（F、N）
- 不安（N）
- 悲しい（N）
- 焦る（N）
- 落ち着いている（F）
- 安心（F）
- がっかり（N）
- うざい（N）
- 寂しい（N）

と、その場の雰囲気が良くなります。

　ノンフローな感情の場合は、"出来事の会話"をしても、例えば「あの授業は失敗だった」といくら言っても、それは起こってしまった出来事なので変えることができません。「あれが失敗だった」、

「ああしておけばよかった」などと言ったところで、ノンフローな状態は続いてしまいます。

ところが**「悔しかった！」「イヤな感じだった！」というように、感情だけを口にすると、心をリセットすることができる**のです。

このとき気をつけたいのが、出来事や事柄と感情を結びつけないことです。「授業が思うようにいかなくて悔しかった」「仕事が多すぎてイライラする」と思っても、ただ「悔しかった」「イライラする」と言うのです。

外界の出来事と結びつけてしまうと、仕事がある限り、心を切り替えることができなくなってしまいます。

「あの人の言葉にムカついた」ではなく、ただ「ムカついた！」、また「子どもに授業を妨害されてがっかり」ではなく、ただ「がっかりした！」といった具合です。

普段は外界の出来事や事柄を話すのに慣れているので、感情を口にするのは難しいかもしれませんが、慣れてくると自分の感情に気づきやすくなります。気づくことを習慣化できるようになると、少なからず心の状態が切り替わる実感を持てるはずです。

◆ノンフローを手放す

感情を書き出し、そのリストを携帯してどんどん言葉を追加していくことで、日常生活で感情を意識する習慣がつくでしょう。

最初は、手帳でスケジュールをチェックするような感覚でリストを見て、感情の会話をする時間を意識的につくってください。

それによって、**ノンフローな状態に陥ってもそれを手放すことができ、結果、心の状態をフローに傾けることができる**ようになるでしょう。

PART 8 フローの価値を考える

ライフスキル脳を磨く実践編！

POINT

- 「自分がフローになる状況」を考えるのではなく「自分がフローだとどうなるか」を考える

◆ フローだと自分がどうなるか？

　1章でも触れましたが、心の状態はフロー（機嫌が良い）かノンフロー（機嫌が悪い）かの2つしかありません。フローでいると、やるべきことや状況は変えられなくても、認知によって何をするのか明確にしながら、自分の心はゆらぎやとらわれから脱却し、最大のパフォーマンスを発揮することができます。

　多くの人はフローの価値を考える脳の習慣を持っていないので、「フローの価値を考える」こと自体が、ライフスキル脳を磨く力となります。そのためには、自分がどうしたらフローに傾くかといった「フローになるシチュエーション」を考えるのではなく、「フローだと自分がどうなるか」というフローの価値を考えることが大切。

つまり、まずは自分の心から考えてみましょうということです。な
ぜなら、第一の脳である認知脳にはその機能がないからです。

◆ フローの価値の体感がライフスキル脳を磨く

　人は、フローの価値を体感していないと、簡単にフローを手放し
てしまい不機嫌なノンフロー状態になる生き物です。

　前述のバイリンガルの話に例えるなら、ライフスキル脳は第二の
言語です。なんとなく「英会話ができるようになりたい」と思って
教材を買っても、習慣化しなければ英会話力は身につきません。継
続できないことに対して、時間がない、忙しいなど「やらない理
由」を見つけて放置してしまうでしょう。

　でも英語圏出身のパートナーができたとしたら、自分にとって英
会話の価値がぐっと上がり、すぐにでも英会話力を身につけること
ができるはずです。しかも、英会話を勉強することに何の苦労も感
じないでしょう。

　それは「英会話ができたほうがパートナーとの時間を楽しく過ご
せる」という体感があるからです。同様に、**フローの価値が体感で
きていないのにライフスキル脳を磨こうとしても、習慣として身に
つけることはできない**のです。

　例えば、財布を落としたと仮定します。探して見当たらなければ
警察に連絡するところですが、同時に「クレジットカードの会社に
電話をしなくては」と考える人が多いと思います。それはクレジッ
トカードが「なくすと困るもの」、「価値のあるもの」という意識を
持っているからではないでしょうか。

　では、パン屋のポイントカードはどうでしょう？　現金やクレジ
ットカード、免許証などの心配をするあまり、パン屋のポイントカ

あなたにとって
フローの価値は？

　自分がフローの価値を体感として持っていないと、簡単にフローを手放してしまい、「するべきことを機嫌良くする」というごきげん思考でいることは難しいものです。まずはフローに価値があることを知識として理解し、「考える」というメソッドで実践をしてください。

ードは財布に入っていたことすら覚えていないかもしれません。
　あなたにとって、フローの価値がこのパン屋のポイントカードのようなものであるならば、**ライフスキル脳の機能を失ってもそのまま放置してしまう**でしょう。人は結局、価値のあるものしか手元には残さないのです。

◆ フローの価値をリストアップする

ノンフローよりフローでいるほうが元気で、笑顔でいられるのではないでしょうか。人の話が素直に聞けたり、相手のことを考えることができたり、子どもたちが集まってくるのではないでしょうか。フローなときほど、授業がうまくいったという体感があるのではないでしょうか。

よく眠れる、会話が弾む、話が伝わりやすい、優しくなる、仕事の効率が上がる、集中力が上がる、アイデアが出る、仕事が楽しいと感じる、ミスが減る、時間に余裕ができるなど、たくさんあるはずです。これらのフローの価値を、思いつく限り、手帳などにどんどんリストアップしてみましょう。

このように、フローの価値を考えること自体がライフスキル脳を磨く力となります。そのとき、**実際に自分がフローな状態か否かは関係ありません。**フローの価値を考えるだけで認知脳の暴走が静まり、フロー化が進むのです。

◆ 自分の脳は自分自身で磨く

ライフスキル脳を磨くことは、**自分の脳のことなので自分自身で習慣化**する必要があります。英会話やスポーツなら相手や先生がいることである程度続ける環境をつくることができますが、ライフスキル脳を磨くモチベーションは、自らでつくりあげなければなりません。

2章では、自分の心をマネジメントするメソッドをいくつか紹介していますが、この「フローの価値を考える」ことは習慣化するためのエネルギーの源泉となるはずです。

PART 9 フローワードを考える

> **ライフスキル脳を磨く実践編！**
>
> POINT
>
> ● 言葉、表情、態度を大切にし、自分のために使う

◆ 自分の機嫌は自分が決める

　外界の出来事によって心の状態が左右されるのではなく、機嫌は自分で決めるものです。心の状態を自分でマネジメントするためには、ライフスキル脳を磨くこと、つまり気づくことや思考、考えることがメソッドとなるとお伝えしました。思考こそがあなた自身の心に大きく影響しているのですから。
　フローを大切にする思考があれば、その結果である言葉、表情、態度を自分自身のために選択することができます。この思考がないと、いつも外界の出来事や他人などに支配されて、その出来事に反応した言葉、表情、態度をとってしまいます。
　例えば"蒸し暑い日が続く"という外界の出来事に対して心がノンフローになると、

言葉：「暑いせいでイライラして集中できない」

表情：眉間にシワを寄せてしかめっ面

態度：物に当たったり、怒りを人にぶつける

といった具合です。これでは、外界に反応して認知脳を暴走させているだけで、ライフスキル脳などまったく使われていません。自分の心は、外界の出来事や他人、環境に決定されるのではなく、自分の思考が決定するものです。そしてそのツールとして言葉や表情、態度があるのです。

思考、言葉、表情、態度は誰でも、いつでも、どこでも持っています。どこかに置き忘れるとか、特別な人にしかない能力だとかいったことは一切ありません。外界の出来事や他人によって心を決定するのではなく、これらのツールを使って自分で自分の心をマネジメントすると考えていきましょう。

◆ 言葉、表情、態度を選択するのは自分

言葉、表情、態度を自分で選択することにより、心に変化が起こせるということを知りましょう。

楽しいときや面白いことがあったときに笑うことはありますが、自分がフローな状態でいるために「笑顔を選択する」という使い方もあります。

前述のように外界の出来事にゆらいでイライラすることがあったとき、それを表情に出してしまって周囲との関係を悪化させた経験を持つ人も少なくないでしょう。こういったときにでも、フローに価値があることを体感していれば、自分のために笑顔を選択することができます。

他にも、自分のために上手に言葉を選んで口に出す、あるいは頭

の中でつぶやくことで心はフローに傾きます。

　また、無意識に使っている言葉にフォーカスしてみることも大切です。仕事でピンチな状況になったときや予期せぬことが起きたとき、そのような状況に合わせて無意識に使っている言葉、あるいは脳内でつぶやいている言葉はないでしょうか？

「やばい！」「うざっ」「無理！」

「面倒くさい」「だるい」「最悪！」

などなど、環境や出来事、他人などに呼応するように、何気なくノンフローな言葉を使ってしまっているときがあるかと思います。

　では、これらの言葉を選択したとして、心はフローになるでしょうか？　なりませんよね。これらの言葉を「使わないようにしましょう」ではなく、無意識に使ってしまったときに「この言葉を選ん

フローワードはたくさん持っておくにこしたことはありません。フローワードを意識していると、振り返ってみると「この言葉でフローになっていた」など、どんどんフローワードが追加されると思います。学校で子どもにフローワードの話をし、自分の機嫌が良くなる言葉を意識させるのもいいでしょう。

でも、フローには傾かないな」と気づきましょうと言いたいのです。ノンフローワードを使ったところで、自分の心はフローにならないと気づければ、それでOKです。

◆ フローワードを考える

次に、「この言葉を考えたり、口にしたりすれば、自分の心がフローになる」という言葉＝フローワードを手帳などに書いてみましょう。自分の大好きなものや場所、気持ちを高める名言など、なんでも構いません。

このように説明すると、「ありがとう」「感謝」といった一般的に良い言葉を思い浮かべる人もいますが、必ずしもそうではなくて結構です。「自分の心がフローになるか」という自分の感覚が判断基準。「あ」でも「い」でも「う」でも、自分がフローになるのであればそれでOKです。

ちなみに私の場合は、スラムダンク、ハワイ、家族の名前、お好み焼きなどです。選んだ理由が重要なのではなく、言葉そのものを思い浮かべると自分の心にフロー化が起きるという体感が重要なのです。

「困難な状況にあっても家族の名前を口にすれば力が湧いてくる」
「退屈な会議をしていても『お好み焼き』という言葉でフローに傾いて集中できる」

このようなフローワードを持ち、普段から意識したり口にしたりすることで、心がゆらいだり不機嫌になったときでも自動的にフローになるはずです。

自分が今ノンフローだと気づいたとき、まずはこのフローワードを思い浮かべると考えてみましょう。

PART
10

「好きを大切にする」と考える

ライフスキル脳を磨く実践編！

POINT

● "好き"と"得意"は違う
● ライフスキルのために "好き"を大切にする

◆好きを考えると心がフローに傾く

好きなこと、好きな食べもの、好きな人など、「好きな◯◯」を考えてみてください。

認知の脳は、「なぜ、今好きなことを考えなければいけないのだろうか？」など理由を求めようとするので、ただ好きなことを考えるのが苦手です。でも、好きなことを考えると、心がフローに傾きませんか？ 「好きを大切にする」と考えるというメソッドは、例外なくまた強力に、心をフローに導きます。

例えば、好きな食べものを考えてみてください。それを実際には食べていなくても、気分が変わりませんか？

外的な状況は一切変わっていないのに、好きなものを思い浮かべるだけで心の状態に変化が起きるのです。

いつでもどこでも好きな食べものを実際に食べることはできませんが、好きな食べものを「考える」という行為は、いつでもどこでもできます。

　もちろん、好きなものを食べてお腹いっぱいになる行為で幸せを感じるということもありますが、同じ好きな食べものでも、一緒に食べる人や環境、体調などによっておいしく感じないときがあるという経験を持つ人も多いはず。

　それを考えると、一概に好きなものを食べたからフローになるとは断定できません。でも、好きなものを考えることが心をフローに傾けるとはいえるでしょう。

　"好き"を考えることは理屈ではありませんし、良い悪い、正しいか間違っているかなどでもありません。"好き"に理由はありませんし、理由を分析する必要もありません。**"好き"という考えは、認知的な発想とは無縁**のものなのです。

◆ "好き"と"得意"は違う

　"好き"を考えることは、フローを生み出す脳として極めて重要です。でも今の社会では、この"好き"という考えが大切にされているとはいえません。

　まず、学校がそうです。「算数が好き」と思っていても、テストの点数が良くないと評価されませんし、「体育が好き」といっても走るのが遅ければ通知表には反映されません。

　そんな環境下で育つうちに、**好きという感情よりも「できること」「得意なこと」のほうが評価される**ので、それを重視するのが正しいというような思考がつくられていきます。

　というのも、「できること」「得意なこと」は比較論です。認知脳

好きなことについて考える時間を大切にする

「好き」と「得意」はまったく別ものです。「得意」を分かちあうことはできませんが、「好き」はできます。好きなことについて人と会話したり、好きな音楽を聴きに行ったり、分かち合って価値観を共有することは、さらなるフローを生み出していきます。自分の心をフロー化させるために、"好き"に触れる時間を大切にしましょう。

は比べることが得意なので、何かと比べる、または人と比べることでその対象をつかもうとするからです。

　そんな比較の世界で生きていくために、「得意なことを重視する」という思考がつくられてしまうのです。人間はそうやって自分の「得意」を発見していきます。

しかし人と比べて「得意だから」という理由だけで人生のあれこれを選択していくと、ノンフローのリスクを背負うことになります。自分が得意だと思っても、もっと得意な人が必ず存在するからです。

そこに"好き"という気持ちがあれば「もっとうまくなりたい」と一生懸命にがんばることを楽しむことができますが、"好き"がないと、自信をなくして意気消沈したり、もっとがんばらなければと義務感が出てきたり、心がノンフローに傾いてしまいます。

かといって、好きなことだけで生きていけるような世の中ではありません。"好き"を考えることを、ライフスキル脳を磨くために大切にしようとお伝えしたいのです。

例えばプロサッカー選手を前に、「サッカーが好きです」と言えても「サッカーが得意です」とは言えませんよね。

好きなら、どれだけサッカーが好きかを伝えたり、好きな選手を語り合うなどして気持ちを共有することができますが、「得意です」とはとても言えません。言ったとしても、お互いにフローにはならないでしょう。

◆ 好きなことについて考える時間を大切にする

このように、「好き」と「得意」はまったく別のものなのです。「得意」を分かちあうことはできませんが、「好き」はできます。好きなことについて人と会話したり、好きな音楽を聴きにいったり、分かち合って価値観を共有することは、さらなるフローを生み出していきます。

得意かどうかは関係なく、好きなことについて考えたり、言葉にしたり、好きなことに触れる時間を大切にするよう意識しましょう。それがライフスキル脳を磨くことにつながります。

PART 11 「今に生きる」と考える

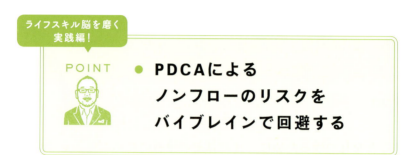

ライフスキル脳を磨く実践編！

POINT
● PDCAによるノンフローのリスクをバイブレインで回避する

◆ PDCAを回す認知脳の働き

　PDCAサイクルというビジネス用語をご存知でしょうか？ PDCAとは、Plan、Do、Check、Actionの頭文字で、未来に向けて目標や計画を立て、それを実行、そのやり方が目標に沿っているかをチェック、改善するというサイクルです。これを順次回していけば、各レベルがレベルアップしていき、継続的に業務が改善されるという手法です。

　PDCAを回す能力は、生きるうえで非常に重要です。「すべきこと」を考える認知脳の働きであるため、目標から計画を立て、それによって実行した過去を分析・反省し、次の「すべきこと」を明確にすることでパフォーマンスを上げることができるからです。これは認知脳が優れた人間ならではのやり方です。ライオンは狩

りをするときに、「来年の狩りについて、何頭とれるか目標を立てよう」とは考えません。ましてや、「あそこでシマウマに逃げられたことの反省点をいかそう」と会議をすることもありません。

では、認知脳の働きであるPDCAを回すと、心の状態はどうなるでしょうか？

未来は予測不可能なので、不安や緊張といったノンフローの感情がやってきます。また、過去は決して変えることができないので、こちらも後悔や憂鬱といったノンフロー状態になりがちです。
「さっきの授業で、なんであんなことを言ってしまったのだろう」
「しっかり資料を読み込んでおけばよかった」
などと考えてしまうのです。認知脳は意味付けが好きなので、するべきことを見つけるために、またはその分析のために過去を考えます。そのとき、過去を振り返って「何をすればよいか」だけを見つければいいのに、そこに得意の意味付けを重ねて自らをノンフローな状態にしてしまいます。

◆バイブレインを利用する

そこで大事になってくるのが、「バイブレイン」の考え方です。

これは、**認知脳がPDCAサイクルを回す一方、ライフスキル脳を使って心を整える**というように、認知脳とライフスキル脳の両方の機能を働かせることです。

過去に思考が及ぶと、認知脳の意味付けによってノンフロー状態になってしまうことがありますが、過去にとらわれている状態にいち早く気づき、「今に生きる」と考えてリセットさせるのです。それによって、反省材料から「今すべきこと」への集中力が増し、フローな状態に切り替わる感覚を覚えるでしょう。

変えられない過去に
とらわれていませんか？

　いくら後悔したところで、過去を変えることはできません。過去から反省材料を取り出して次にいかすことは必要ですが、自分の意味付けで過去にとらわれ、ノンフローになっていませんか？
　反省材料そのものに、ノンフローな意味は付いていません。今に生きると考えていると、そのことに気づくようになるでしょう。

　ノンフローになるから、過去や未来のことを考えてはいけない、という意味ではありません。「考えない」「気にしない」といった不快対策思考（P52参照）は、気にしている、とらわれているのとほぼ同意義だからです。
　また、「過去のことでノンフローになったら切り替えが必要」とお伝えしたい訳でもありません。そうではなく、ただ「今に集中」「今に生きる」と考えようということです。
　思考とはエネルギーであり、そのエネルギーによって心に変化をつくることなので、ただ考えるだけでいいのです。それによって、外界（過去や未来）に持っていかれていた自分の心が落ち着き、心

がフローに導かれます。

前述のとおり、この思考を繰り返し意識し、体感し、人とシェアすることでスキル化され、自然と「今に生きる」と考えることができるようになります。

過去から反省点を取り出し、未来の目標に向かって計画を立てる、そのかたわらで「今に生きる」と考える。認知の脳でPDCAサイクルを回しながらもライフスキル脳で「今に生きる」と考える、「バイブレイン」の力を体感してください。

◆許す、謝ると考える

許す、謝るということも今に生きることにつながります。 それは、許す、謝ることができないと、過去にとらわれたまま未来にひきずって生きることになるからです。

許すこと、謝ることは手放すことです。過去の出来事や対人関係に対して根に持つ、リベンジするといった思考は、典型的な過去へのとらわれです。

「自分の機嫌が悪いのは周りのせいだ」

「周りの人の態度が悪く、イライラさせられる」

と自分の機嫌の悪さを棚に上げ、外界のせいにするのもこのタイプです。謝れない人は自己を正当化することに夢中です。

これでは人間関係もうまくいきません。「相手の行動と人格を分けて許す」ことや「謝ろうと考える」ことを大事にして思考していると、機嫌の悪さや過去を手放すことができます。

実際に口に出して謝ることができなくても、「許そうと考える」「謝ろうと考える」ことが大切 です。この習慣を身につければ、「今に生きる」という思考がより強くなっていくでしょう。

79

PART 12 「一生懸命を楽しむ」と考える

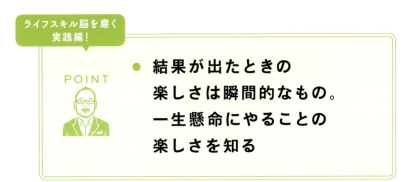

ライフスキル脳を磨く実践編！

POINT
- 結果が出たときの楽しさは瞬間的なもの。一生懸命にやることの楽しさを知る

◆楽しいという感情はフローの代表格

「好き」を考えることで心はフローに傾くとお伝えしましたが、「楽しい」という感情もフローな感情です。楽しいという感情でいると、パフォーマンスの質が向上します。

あなたは、楽しいという感情で、日々の授業や仕事をしていますか？ 楽しいどころか、辛い、苦しいと思っている人も多いかもしれません。そもそも仕事は辛いもので、だからこそ報酬をもらえるとか、楽しいと思うことは悪いことと考えている人もいるかもしれません。

仕事は能力やスキルが問われる認知脳の代表的な世界です。結果至上主義で常に他人と比べられたり、他人に評価されたりする環境

80

です。そのため、ノンフローな状態に陥りやすいのは仕方がありません。

◆認知脳は結果を出すことに楽しみを見出す

仕事の中で認知脳が見つけ出す楽しみは、結果が出ることくらいでしょうか。

「授業がうまくいったら楽しい」

「事務作業が早く終わったら楽しい」

「試験に合格できたら楽しい」

これら、**認知脳がつくり出した楽しみは、結果をともなうので自分ではコントロールできません。** 結果を出すことに楽しみを見出すと「うまくいかなかったら」「早く終わらなかったら」「試験に合格できなかったら」楽しくないのですから、結局ノンフローになり、やはり仕事は苦しいものになるでしょう。

例え結果が出て楽しかったとしても瞬間的な楽しさであり、その次の瞬間からまた次の結果を求めることになります。

結果が出ないと、例の不快対策思考、ポジティブ思考などでしのごうとしますが、そもそもノンフロー状態なので最大限のパフォーマンスを発揮することができません。その上、認知の意味付けに心を乱され、ますます結果が出にくくなります。そうやって負のスパイラルに陥っていくのです。

◆人は一生懸命やることが楽しいと知っている

日本人は、楽しむことと一生懸命がんばることを別々のものとして分けて考えようとします。

「一生懸命に仕事をしたから、ご褒美に飲みに行こう」
「一生懸命勉強をしたら、ゲームをしていいよ」
という会話がその典型といえます。

　では本来、==仕事や勉強はご褒美が必要なほど辛いことなのでしょうか?==　スポーツの世界で、日頃の練習をそのように考えている人が結果を残せるでしょうか?　仕事も勉強も、一生懸命にやるからこそ楽しいのではないかと思うのです。

　子どもと接する機会の多い先生方なら、ただ一生懸命に無我夢中で何かをやって楽しんでいる子どもたちの姿を目の当たりにしているのではないでしょうか。

　それが、==大人になるにしたがって認知脳の暴走が起こり、一生懸==

一生懸命を楽しんだことを覚えていますか?

子どもは見返りを期待せずに一生懸命を楽しむことができます。認知の脳は結果が出ないとやっていても楽しくないと考えがちですが、それでは心がゆらぎ、ノンフロー状態です。結果やパフォーマンスの最大限発揮のためにも、ライフスキル脳で一生懸命を楽しむと考えることが大切なのです。

命やることに理由が必要となり結局は苦しくなっていきます。しかし、誰もが子どもだったのですから、「一生懸命が楽しい」ということを知っているはず。最近では、「人間には一生懸命を楽しめる遺伝子がある」という研究もあるそうです。ただ多くの人はその遺伝子が長年OFFになっているので、一生懸命の楽しさを体感できなくなっています。

　でも、一生懸命を楽しむ遺伝子がある以上、また幼少期の体験として残っている以上、思考すれば脳の中でエネルギーとなり、フローな風を吹かせることができるのです。

◆一生懸命を楽しむ先に、結果がある

　どうせ同じことをするなら、「適当にやるよりも一生懸命やったほうが楽しい」ということをわかって実践している人は、ライフスキル脳を働かせている人です。

　結果が出て楽しかったことではなく、一生懸命にやって楽しかったことを思い出してみてください。また、何かをするときは「一生懸命を楽しむ」と意識的に考えてください。

　結果が出たときの認知の楽しさや、自分の好きなことをしているときの楽しいという感情に比べたら、「一生懸命を楽しむ」と考えたことで生まれるフローな感情は小さいものかもしれません。

　しかし、外界に依存するのではなく自分でつくり出した「楽しい」という感情は本物です。その「一生懸命を楽しむ」を積み重ねた先に結果があるのです。

　一生懸命自体が楽しいことがわかると、その楽しさを見つけようと脳が動くようになります。それがライフスキル脳のアップにつながっていくのです。

PART
13 「与える」と考える

> **ライフスキル脳を磨く実践編！**
>
> POINT
>
> ● フォワードの法則で
>   喜び経験を自ら生み出す

◆人は「与えられる」とフローになる

　人は、与えられればフローになります。人からプレゼントやお土産をもらうとうれしいものです。誰しも子どもの時代に、欲しかったおもちゃを買ってもらって喜んだり、反対に買ってもらえず悲しんだ経験があるでしょう。

　しかしながら、与えられてフローになるのは相手依存であるともいえます。与えられることで安定的に自分の心をフローにすることは、難しいものです。与えられても、

「もっと欲しい」

「あれも欲しい」

ともらうことに夢中になったり、

「欲しいものと違った」

「前はくれたのに、最近くれない」

などと不機嫌になったりします。しかし、**相手が何かをくれるかどうかは相手が決めることなので、自分でコントロールすることはできません。**

　認知の脳は要求や期待が大好きなので、暴走させると常に「欲しい」と感じてしまうのです。それによってもらえないことに意味付けをして

「あの人がくれないから自分はごきげんになれない」

「もっとこうしてくれれば私はフローになれるのに」

と、文句や愚痴を言って（あるいは心の中で思って）ノンフローに生きている人が少なくありません。

　もちろん、そんな状態ではパフォーマンスも上がりません。子どもの頃なら与えられないことでごきげんを損ねるのも当たり前ですが、**大人になって誰かに何かを与えてもらうことでしか機嫌を保てないのは考えもの**です。自分の状態を相手に任せているのは、とてもリスキーな状態ともいえるでしょう。

◆「与える」ことでもフローになる

　一方、人は与えることでもフローになります。人にプレゼントをあげようと思うとき、プレゼントを選ぶとき、手渡すとき。与える側なのに自分自身が笑顔になったり、気分が良くなったり……を実感として覚えている人も多いのではないでしょうか？　**実際にプレゼントを渡すことだけではく、「与えると考える」だけで自分自身にフローの風が吹く**のです。

　人に与えることができるのは、モノだけではありません。思考というエネルギーを与えるだけでも自分自身にフローの風が吹きます。

「与える」と考えることは
フローなエネルギー

誰かに贈るプレゼントを選んでいるときは、自然と笑顔になりませんか？ 贈る相手を伝えて店員さんに一緒に選んでもらったり、相手をイメージした花束をつくってもらったりすると、贈る相手がその場にいなくても話が弾んだり、笑顔の輪が広がるものです。それは「与える」と考えるフローなエネルギーが周囲に伝わるからではないでしょうか。

思考というのはエネルギーです。まず先に自分がエネルギーを周囲に与えると、そのことによって自分自身にエネルギーが生み出されます。**見返りを期待せず、まず自分が与えることで自分自身がフローになり、エネルギーが湧いてくることを「フォワードの法則」といいます。**

日本人の持つ、おもてなしやサービスの心は、このフォワードの法則を表しているのではないかと思います。自己犠牲ではなく、そうしたほうが自分が気持ちいいと体感として知っているからできるのだと思います。

◆「与えると考える」ことでフローになる

モノやお金を与えるには限界がありますが、ここでいうエネルギーを与えることに限界はありません。エネルギーは与えれば与えるほど、フォワードの法則に基づいて増えていくのです。エネルギーを与えることでこちらのエネルギーが減るとか、幸せがすり減るということはないはずです。**相手が喜び、幸せを感じていると考えれば考えるほど、自分自身にエネルギーを生み出し、フローな状態をつくり出す**ことになるのです。

この精神はもともと日本人の遺伝子に組み込まれているはずですが、いつの間にか認知的な「与えられる」ことに慣れてしまった結果、「与えること」の喜び経験が少なくなり、その精神が風化してきているのかもしれません。

まずは積極的に「与える」と考えることで、その勘を取り戻していきましょう。**他の誰でもなく、自分のために「与える」と考えて**みてください。

PART
14 「応援する」と考える

ライフスキル脳を磨く
実践編！

POINT
- エネルギーを与えることの具体的な思考が「応援」
- 嫉妬は認知の暴走で自分をノンフローにする

◆応援は、自分をフローに導く

　前項では、「与えると考える」ことでフローになるとお伝えしました。与えるのはモノではなくお金でもなく、思考というエネルギーです。
　では、相手にエネルギーを与えるためには、どんなことを考えれば良いのでしょうか？　まずは与えると考えるだけでも変化が起こりますが、より具体的な思考として「応援すると考える」という方法があります。
　「応援する」というと、運動会で自分の受け持つクラスを応援する、自分が好きなスポーツチームを応援する、友人が新しく始めた事業を応援する、というように他人に対してするものと考えられて

いますが、実は自分自身のためにするものであるということをご存知でしょうか？

　ここでいう応援とは、「自分のクラスに運動会で勝ってほしい」と願うものではなく、実際に応援の気持ちや言葉を相手に伝えなければならない、というものでもありません。

「与える」と同じく「応援しよう」と考えることそのものが、心のエネルギーとなり、自分自身をフローに導くのです。

　例えば、スポーツ観戦などで応援をしていると、その声が実際には相手に届いていなくても自分自身が元気になったという体感はありませんか？　スタジアムに行くことはもちろんですが、テレビの前で応援するときも同様です。**応援の習慣は、元気な自分をつくる**のです。

◆誰のための応援か？

　こうお伝えすると、自分の受け持つクラスの子どもたちや好きなチーム、好きな人でもないのに、応援などできないと思われるかもしれません。ましてや、相手が苦手な人ならなおさらです。「なんでこんな人に」「この間ひどいことをされたのに」と、応援しない理由を分析してしまうことでしょう。

　でも、それは**応援が"相手のため"と考えている**からです。他者に何かをしてあげようとすると、認知脳の働きによって他者に意味付けが起きてしまいます。そうではなく、**応援が自分自身のためと確信できていれば、誰でも応援することができる**はずです。

「応援すると考える」習慣は、フォワードの法則に基づき、フローな心の状態をつくります。**この思考を持つ人は、周囲を元気にすることができます。**この思考を習慣にしている人の周りには、人が

89

応援すると、
自分も元気になりませんか？

応援こそ、エネルギーを与えることのより具体的な思考です。"がんばれ"と応援することで相手にエネルギーが伝わりますが、応援はまさに「与えると考える」ことなので、自分もフローな気分になります。相手のためではなく自分のためにただ「応援すると考える」ことで、条件のいらない、また、認知の意味付けから解放された応援の習慣が身につくのです。

集まります。「応援すると考える」人は、人間関係を豊かにすることができるのです。

◆嫉妬は自分をノンフローにするだけ

応援の対極ともいえる思考が「嫉妬」です。嫉妬は、相手からエネルギーを奪おうとする思考であり、自分も相手も、ノンフローにします。

認知脳は、自分と他人を比較することで他人への嫉妬心を生み出す傾向がありますが、相手のことを妬んだり、足を引っ張ったところで自分が成功したり幸せになることはありませんから、心はまったくフローになりません。機嫌が失われていくだけなのです。

とはいえ嫉妬は人間にとってごく自然なことなので、嫉妬することが良くないという知識があっても、認知脳はそれを裏切りつい嫉妬してしまいます。

まずは、嫉妬しても何もいいことはないばかりか、自分をノンフローにしてしまうということを知りましょう。

ただ、知っているだけでは十分でなく、感情が知識を裏切って嫉妬を繰り返してしまいます。そこで大切なのが、「応援すると考える」ほうが自分の機嫌が良くなる、つまり自分のためになるということを体感として覚えておくことです。それによって、認知脳の暴走である嫉妬の感情が起きにくくなるはずです。

それがわかれば、自分のために「応援すると考える」ことの価値を実感できるのではないでしょうか。「応援しなきゃ」ではなく、ただ「応援すると考える」。

理由や意味付けなどからは離れて、ただ"がんばれ"と考えることが自分の気分を良くするという体験を増やしていきましょう。

コラム 2

思考は脳の筋トレ

　第二の脳であるライフスキル脳を働かせるためには、考えること、思考することとお伝えしました。これは筋トレのように、継続的に続ける必要があります。意識的に習慣化しなければこの脳の機能は磨かれないし、働かなくなります。筋肉も、筋トレを続けないとあっという間に落ちてしまいますよね。

　脳もトレーニングすること、つまり考えることで機能が磨かれます。とはいえ、筋トレのように苦しさがともなうものではなく、習慣化すれば「するべきことを、機嫌良くする」というごきげん思考が自分のものになるはずです。まずはライフスキル脳を磨くメソッドを手帳に書き出すなど、常に見えるようにしておきましょう。そして、「そう考える」という実践を繰り返しましょう。

- ◆ 意味付けに気づいていますか？
- ◆ フローの価値を考えていますか？
- ◆ 自分の心の状態に気づいていますか？
- ◆ 言葉、表情、態度を自分で選択すると考えていますか？
- ◆ フローワードを考えていますか？
- ◆ 「好きを大切にする」と考えていますか？
- ◆ 「今に生きる」と考えていますか？
- ◆ 「一生懸命を楽しむ」と考えていますか？
- ◆ 「与える」と考えていますか？
- ◆ 「応援する」と考えていますか？

第3章

ごきげん思考で授業をする編

PART 1 子どもとフローの価値をシェアする

> ごきげん思考で授業が変わる！
>
> POINT
>
> - フローの価値を授業で共有する
> - 自分がごきげん思考で授業をする

◆ 先生が"ごきげん"でいることが大切

　ほとんどの人が、認知の脳だけを働かせてライフスキル脳が磨かれていないということをお伝えしてきました。認知の脳だけを使って生きることは、ストレスの海で泳ぎ続けていることと同意義です。

　早く自分がストレスの海で泳いでいることに気づき、ごきげんの陸に上がりましょう。そして、認知脳とライフスキル脳の両方を働かせる「ごきげん思考」で質高く生きましょう。そのためには使っていないライフスキル脳を磨くことが必須なので、そのメソッドを2章で紹介してきたところです。

　この章では、ごきげん思考の意味をご理解いただいたうえで、先生がごきげん思考でいると、授業がどうしてうまくいくのかについ

てお伝えしていきます。あくまで、**先生がごきげん思考を理解していないと、それを子どもたちに体感として伝えることはできません。**ごきげん思考の価値、フローの価値を、体感として自分のものにしていただくことが大切です。

　自分で心のマネジメントができないのに、子どもたちの心をフローにすることはできません。子どもたちを変えようと考えるのではなく、まず自分がごきげんの価値を知り、体感することが大切です。その思考のエネルギーが子どもたちに伝わることによって、授業が変わっていくのです。

◆子どもはもともとフロー傾向

　子どもは大人に比べてストレスが少なく、もともとフローな傾向にあります。イヤなことはイヤ、楽しいことは楽しいと、感情をむき出しにして生きているのが子どもたちです。

　それは、ライフスキル脳の機能が優れているという意味ではありません。**認知の脳もライフスキル脳も発達段階にある子どもは、どちらも低いという意味でバランスが取れているため、認知の暴走がない**のです。

　大人になるということは、認知の機能が上がっていくということです。授業は、文明社会で大人として生きていくために大切なモノゴトを教える場であり、学校生活は本来認知だけでなくライフスキルの脳を磨くコミュニケーションの場でもあります。

　ライフスキル脳は、学校だけでなく遊びや生活の中でも育まれてきました。ドラえもんに出てくる「放課後の空き地」がその典型で、のび太やジャイアン、しずかちゃんがいて、友達や家族との関わりやコミュニケーションの中でライフスキルという思考が育まれてい

たのです。

　しかし現代社会では、認知ばかりが必要とされる傾向があります。社会がそうであるため、当然親も認知の教育に備えるようになります。そのため認知を教える塾は増えても、ライフスキル脳を育むのに必要な「遊び」のための空き地や公園は、少なくなっているのが現状です。

◆認知の暴走の低年齢化が進んでいる

　子どものうちから**認知の脳だけを鍛える教育を受けていると、ストレス状態を感じる年齢、つまり認知脳の暴走が始まる年齢もどんどん低年齢化していく**のはいうまでもありません。

　そういった認知優先の世の中で、「それならば一層のこと認知だけがあればいいのでは」という考えから誕生したのがAIです。認知だけの構造で世の中を生きていこうとすると、人間には心があるので暴走が起こってしまいます。AIならストレス状態から心を病むことも、意味付けに苦しむこともありません。

　私は、AIを否定したいわけではなく、任せられるところは任せればいいと思っています。人間は、**認知の機能アップと同時に、感情豊かに心をマネジメントしながら質高く生きる**ことが大切なのであって、**怒ったって、ムカついたって、思いきり喜んだっていい**のです。感情に蓋をして生きようとするから、ロボットになりきれず認知の暴走が生まれてしまうのです。

　そのことを教えてあげる場が、学校であるともいえます。もちろん、学校の先生だけにその役割を押しつけるわけではありませんが、その年齢の子どもたちが親以外で接するもっとも身近な大人が先生であることも確かです。

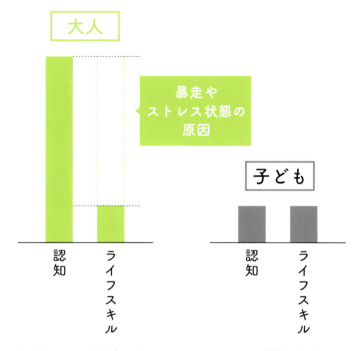

子どもがフローな傾向にあるのは、ライフスキルの機能が発達しているわけではなく、認知とライフスキルの機能にそれほどギャップがないためと考えられます。ライフスキル脳を磨かずに認知脳だけを伸ばす教育は、ストレス社会を促進してしまいます。先生や親だけでなく、子どもと接するすべての人がそのことを理解しておきたいものです。

　フローの価値を体感し、ごきげん思考でいる先生と、そうでない先生とに教えられるのでは、子どもたちの成長に大きく差が出るでしょう。
「教員がフローの価値まで教えなくてはいけないの？」
と考える方もいるかもしれませんが、フローの価値を無理に教えようとするのではなく、自分がごきげん思考で心豊かに子どもたちと接することが共有を生み、質の高い授業につながるのです。

PART 2

指示と支援の
バランスを考える

ごきげん思考で
授業が変わる！

POINT

- 指導には指示と支援がある
- 指示と支援の
  バランスを意識する

◆「するべきこと」を「どんな心」でやるか

　2章では、自分のパフォーマンスを最大限に発揮させるためには心のマネジメントが必要で、そのために「考える」「思考する」というメソッドをお伝えしました。つまりパフォーマンスは、「するべきこと」を「どんな心」でするかによって決まります。

　ここでは、授業で子どもたちに「するべきことを機嫌良くする」ことの大切さを伝え、子どもたちのパフォーマンスを最大限に発揮させるための「指導」について紹介していきましょう。

　先生が学校で**子どもたちに指導する、あるいは教育する内容には、大きく分けて「指示」と「支援」があります。**

　「するべきこと」とは文字通り行動の内容で、教育の現場でいうと、授業や学校生活で子どもが何をすべきかを示すことです。これ

が「指示」にあたります。宿題をやりなさい、話を聞きなさい、席に座りなさい、問題を解きなさい、今はこれをやりなさい、これらはすべて**認知に訴えて行動を促す「指示」**です。

一方、子どもたちが「どんな心」でいるかを気にかけ、**機嫌良くすることを促すのが「支援」**です。前述の通り、人間のパフォーマンスは「するべきこと」ど「どんな心」でするかによって決まるので、心の状態を配慮する「支援」がないと、子どものパフォーマンスの質が落ちてしまいます。

◆指示と支援を意識した指導をするために

先生はさまざまな個性を持った30人を超える子どもたちを一度に相手にしなければなりません。その状況で通用する普遍的な指導をしていくためには、**指示と支援の両方の意識を持って子どもに接する**ことが大切です。

指示と支援を意識した指導をするためには、指導者の側が、冷静で安定した「教える」というパフォーマンスを発揮しなければなりません。そのためには指示のスキルを磨くのはもちろん、フローの価値を大事にしながら心をマネジメントしていく必要があります。

つまり、**第一条件として先生自身がフローである必要があります。**フローでない指導者が、子どもをフローにすることはできません。ノンフローな人に声をかけられてフローになる人はいないのです。イライラした口調で指示をしてもフローにならないのはもちろんですが、指示ばかりで支援のない授業をしていても、子どもはノンフローになりがちです。

「ここ、難しいよね。もう一回説明するね」

「集中してないけど、今どんな気分？」

というように、**指示の合間に、子どもの心に理解を示す支援の言葉を伝え、わかってあげる**ことで気分を安定させます。気分が良くなれば、指示を聞いて理解し実行するという子どものパフォーマンスの質も上がるのです。指示内容を伝えやすくするためにも、支援の意識が大切です。

◆相手や状況によって指示と支援の割合を変える

　また、指示と支援の意識を持つだけでなく、実際に指導をするときは両者のバランスを考える必要があります。

　人は、何かをやっていない瞬間はありませんし、心がない瞬間もありません。そのため**「何」に訴える指示と、「心」に訴える支援のバランスを考えなくてはなりません。**教える内容によっては、指示系統が多くなってきたりもします。指示が多くなってくると口調が強くなったり厳しくなったりするので、子どもたちはノンフローに傾いていきます。

「あ、このままだとノンフローになっていくな」

など、指示をしながら子どもの心にも気づけないといけません。子どもたちが指示内容に理解を示さないと、さらに指示を強めたくなりますがそれでは余計にノンフローになってしまいます。

　指示と支援の割合を９：１にするのか、６：４にするのか、それは教える内容によっても変わりますし、伝える相手によっても変わります。もっというと、同じ相手でも心の状況によって割合を変える必要があります。

　最初は難しいかもしれませんが、「指示と支援のバランスを考える」と意識することを習慣にすれば、相手の心の状態に気づくことができるようになるでしょう。

指示と支援のバランスは一定ではない

指示内容の難易度や教える状況、教える相手の年齢、個性によっても「良いバランス」は異なるので、総合的に判断しつつ授業を進めましょう。「9：1にしよう」とか、「ここは5：5だ」と押し付けるのではなく、「今のじゃわかりにくかったな」「強すぎたな」と感じたら支援を多めにする、心が整ってきたら指示を多めにするなど、子どもたちの様子からバランスを判断することが大切です。

PART 3 認知に働きかける「指示」の出し方

ごきげん思考で授業が変わる！
POINT
- 指示は明確に、具体的に、厳しく
- 相手によって指示の仕方を変える

◆指示は相手の認知に働きかける

　前項では、「授業では、指示と支援のバランスを意識した指導をしましょう」とお伝えしました。「するべきこと」を教える指示を理解させるためにも、「わかってあげる」「応援する」という支援の意識が必要です。
　それは、指示を甘やかすという意味ではありません。「するべきこと」はしっかり伝えなければなりませんし、「するべきこと」を差し置いて子どもたちの機嫌をとる、ということでもありません。いわゆる5W1Hを考えさせ、的確な行動をとれるようにするのが認知の教育の目的です。
　指示を伝えるときは、明確に、具体的に、厳しく、が鉄則です。

国語、算数、理科、社会といった各教科の学習内容を教えるときだけでなく、時間を守る、授業中は静かにするといったルールを教える場合にも、この鉄則を忘れないようにしましょう。

「するべきこと」や目標、戦略、行動のルールは、語らないと伝わりません。指示は行動の内容に関するものなので、相手の認知脳に働きかける必要があります。**するべきことの理由と理屈、意味をわかりやすく伝えることが指示の基本**です。子どもであっても人は意味で動いているので、その意味を正確に伝えてあげることが何よりも大切なのです。

◆指示の出し方は相手によって変える

また、指示の出し方は「するべきこと」を手取り足取り伝える指示と、「するべきこと」を考えさせる、あるいは任せるという指示もあります。

例えば、「授業中は静かにする」というルールを指示するとします。このときの指示の伝え方は、子どもの年齢によって変わります。幼稚園や小学校低学年の子に伝えるのであれば、

「今は授業中で、先生の話を聞く時間だから静かにしてください」

となります。しかし、小学校高学年に伝えるのであれば、

「授業中なんだから、どうするか考えなさい」

という指示になるでしょう。

こういった「指示をしない指示」については、子どもたちを信じて任せるという心がけが重要になります。先生がイライラしたノンフローの状態でこの指示をすると、投げやりで、子どもたちを突き放したような言い方になってしまいます。子どもたちはその奥にある先生の心の状態を見極めて察知するので、先生の心の状態がフロ

ーであることが必須なのです。

◆指示と命令は違う

このように、何事に対しても、相手に合わせた指示の仕方を的確に選択する必要があります。子どもの年齢や理解度によって、**指示をしないのではなく、指示の仕方を変えるという意識**が大切です。

子どもたちとの信頼関係が成り立っていれば、「静かにしろ！」と厳しく言うことが有効なときもあるでしょう。しかし、日頃から指示と支援のバランスを考えた授業もせずに、指示だけを厳しく伝える指導には疑問があります。

「いいから、やれ」というのは最低の指示です。「いいから、やれ」「先生の言う通りにしていればいい」という指示は、**教育ではなく命令**になってしまい、相手は「はい」か「いいえ」しか言えなくなってしまいます。

こういった指導を受けている子どもたちの心はノンフローになりやすく、パフォーマンスの質も落ちてしまいます。

残念ながら旧態然の体育会系部活などでは、命令、服従の関係がまだ残っているところもあります。そういう指導をしていると、スポーツでは一気に勝てなくなります。

同様に、的確な指示をしなければならない場面であれば「とにかく、がんばれ」も適切な指示とはいえません。

「うちのクラスの子どもたちは、言うことを聞かない」

もし、そんな不満を持っているのであれば、まず**自分の指示の出し方を見直しましょう。**「とにかくやれ」といった指示だけでも、「応援しているよ」といった支援だけでも不十分なのです。

104

5W1Hを明確に示す

授業中、子どもたちに「するべきこと」を伝えるためには、5W1Hを明確に示す必要があります。そのためにも、まずは自分自身が行動するときに5W1Hを意識しましょう。なんとなく行動している人が、子どもを納得させ、行動させることはできません。また、話す時間や起承転結を意識して、指示をわかりやすい言葉にする力も必要です。

PART 4 子どもの心を支援する

ごきげん思考で
授業が変わる！

POINT
- 「考える」だけでなく「伝える」
- 自分の心がけを声かけする

◆「支援」は考えるだけでなく、伝える

　自分の心のマネジメントをするために、「気づく」「ただ、そう考える」つまり「思考する」というメソッドを紹介しました。まず自分自身がフローであることが第一条件なので、自分のために「考える」ことは大切です。しかし、授業や学校生活で子どもたちをフロー化させる「支援」を目的にする場合、考えているだけでは伝わりづらいので言葉にして伝える必要があります。それが、支援の声かけです。支援の声かけには、大きく分けて2種類があります。

◆自分の心がけを伝える声かけ

　1つ目は、自分が心のマネジメントのために考えていることや

心がけていることを伝えることです。あなたは自分自身をフローに保つためにどのようなことを心がけていますか？　２章で紹介したメソッドをひとつひとつ思い起こしてみてください。心がけこそが、ライフスキルそのものなのです。

　例えば、「一生懸命を楽しもう」と心がけて実践しているのなら、それを全力で子どもたちにも伝えましょう。子どもたちがそれを受けて「一生懸命を楽しもう」と考えれば、ライフスキル脳が働き、フローになります。つまり、自分の心がけを伝えることで相手のライフスキル脳に働きかけ、フローを促す声かけです。

　さらに、一生懸命を楽しんでいたら褒めてあげましょう。一生懸命を褒められた子どもたちは一生懸命やることがもっと楽しくなります。それによってフローな空気が生まれるだけでなく、成長を積み重ねることができるようになるでしょう。

　自分の心がけを伝えることは、子どもの心を支援する大切な声かけになります。「好きを大切にする」「今に生きる」と考えているなら、「好きを大切にしよう！」「今に生きよう！」と声をかければいいのです。

◆コーチ力を発揮させる声かけ

　２つ目は、**相手の心に直接働きかけてフロー化を促す声かけ**です。これは相手に関心を持って観察し、「してほしい」と思っていることを「してあげる」コーチ力が必要な声かけです。

　例えば、「わかってあげる」こともそのひとつです。人間は「わかってもらいたい」生き物です。

「子どもは、親や先生にわかってもらいたい」

「親も、子どもや先生にわかってもらいたい」

「先生も、他の先生や校長先生、親にわかってもらいたい」
というように、子どもだけでなく人間は皆わかってもらいたいと願っています。それなのに「わかってもらえない」という状況になることで、心はノンフローになります。色々な人の「わかってほしい」「わかってもらいたい」「わかってもらえない」の交錯でノンフローの連鎖が起きているともいえます。

　では、わかってあげるにはどうしたらいいのでしょうか？　それは、聴くことです。相手が今どんな感情なのか、何をわかってほしいのか聴くことが一番です。さらに、聴いただけでは相手が「本当にわかってくれたのか不安」な状態なので、「わかった」と伝えてあげることが何よりも大切です。

　ここでいう「わかった」は、"同意"や"共感"ではありません。あくまで"理解"の意味の「わかった」です。自分と同じ意見や感情であれば、同意してあげることで相手もフローになりますが、自分と違う感情に対して無理して共感する必要はありません。

　相手と意見や感情が違っていたり、正反対の意見を持っていても構わないのですが、そのときの感情や意見を理解し「わかった」と相手に伝えることが支援になります。

　とくに子どもは認知よりも感情が豊かなため、感情がコロコロ変わります。朝にやると決めたことでも、午後になるとやる気がなくなっているということが多々あります。

　そんなとき、「さっきはやると言ったよね。あなたが決めたんでしょう？」と言いたくなってしまいますが、そこで「わかってあげる」というコーチ力を発揮すれば、
「さっきまではやりたかったけど、今はやりたくないんだね」
と支援の声かけをすることができるでしょう。そのほうが子どもの心が落ち着き、「やるべきこと」がクリアになるはずです。

支援の声かけで信頼関係を築く

先生と子どもの関係がうまくいっているクラスは、授業だけでなく休み時間など学校生活全体にフローな空気が広がるでしょう。指示だけでなく支援を心がけること、指示と支援のバランスを考えること、支援の内容を理解して声をかけようと意識することでクラスの空気は変わります。意識は自らを、そして場をつくり出しているのです。

　ここでは、あくまで相手が「わかってもらえている」と感じられることが大切です。ひとりよがりに「私はわかっている」と思っていても、子どもがそう感じていなければ意味がありません。「あの先生はわかってくれている」と子ども自身が感じることでフローになり、先生が子どもと信頼関係を築くことができるのです。

PART 5

信頼関係を築く支援の声かけ

ごきげん思考で授業が変わる！

POINT

- 存在価値とつながりを感じさせる
- 応援と期待は違う

◆声かけで「○○してあげる」

　前項でお伝えした「してあげる」という支援の声かけについて、もう少し説明していきましょう。

　人間には**「存在価値を認めてほしい」「つながりを感じたい」という欲求があります。**子どもに存在価値を感じてもらったり、つながりを感じてもらうことはライフスキル脳の機能の発達に大きく関与します。子どもたちにつながりを感じてもらうには以下のキーワードを意識し、伝えることが大切です。

1　あいさつ
2　感謝
3　観察

　1の**あいさつは、子どもに存在価値を感じてもらう大切な行動で**

す。「あいさつをしなきゃ」と礼儀でするのではなく、自分も周りも含めてフローに導くためにあいさつをします。支援する側の先生がまずあいさつを徹底しましょう。

2は感謝です。ここでいう感謝は、**感謝の気持ちを伝えることが相手のフローを導く**、という支援のための感謝です。「ありがとう」など感謝の気持ちを伝えることは、相手につながりと存在価値を感じてもらえる最高の姿勢です。

3は、観察して伝える力です。人はつながりと存在を感じたいので、観察され気づかれたいと願っています。「髪の毛切ったんだ」「ちょっと調子が悪そうだね」など、**気づかれるということは存在価値とつながりの原点**であり、フローな感情を生み出します。このとき、無理やり良し悪しなどの評価をする必要はありません。単純に観察して伝えることが存在価値につながります。

◆応援の主役は相手、期待の主役は自分

また**「応援してあげる」ことも支援のひとつ**です。2章では自分のために「応援すると考える」（p88参照）ことについて紹介しましたが、ここでいう「応援」は相手をフローにするために実際に応援するという意志を指します。

同じ意味として「期待」が使われがちですが**応援と期待は違います**。
「あなたを応援しているよ」
「あなたに期待しているよ」
という言葉では、何が違うのでしょうか？

まず、**期待はあくまで期待するほう（自分）が主役**です。そこには結果があり、勝手に決めた枠組みがあり、自分が思い描く通りに

相手が行動することを望みます。結果が出ると、自分が得する、自分がうれしいというときに使いがちな言葉です。

「あなたが100点を取ると、先生は期待しているよ」

などと使うように、期待は結果が常にともない、相手にプレッシャーがかかるのです。期待の主役は期待をする側であり、期待通りにいかないと自分も相手もノンフローに導きます。これは、支援からは程遠いものです。

一方、応援というのは枠組みや結果は関係なく、すべてを受け入れる"愛"の意志です。ですから、相手に期待よりも相手を応援しましょう。応援の意志は「応援してあげようと考える」ことからはじまり、実際に応援の声をかけることで強化されていきます。

だからといって「わかってあげる」「あいさつをする」「応援してあげる」といった支援だけで子どもが成長するかというと、そうではありません。何度もお伝えしますが、だからこそ指示と支援が必要なのです。

◆ごきげんな先生が主導権を握る

指示と支援をするのは先生で、授業の主導権はあくまで先生にあります。子どもがノンフローになることを受けて、先生もノンフローになってしまうと、主導権は子どもたちに移り、まとまりのない授業になってしまうのです。あくまで先生がフローであり、指示と同時に子どもたちの心を支援するという意識を持つことが大前提として必要です。

授業だけでなく、先生が「ごきげん思考」で生きていると、子どもたちと信頼関係を築くことができます。

子どもたちは、「この先生はわかっている」「本気で応援してくれ

期待される子と応援される子

親から期待されて育つ子と、応援されて育つ子では、ライフスキル脳の成長に差が出ます。親は「100点を取るのが当たり前」というように、結果を出すことを期待をしがちです。先生が一緒になって期待するのではなく、指示と支援のバランスを考え、ただ応援するという支援を伝えることで、子どもをフローに傾けてあげましょう。

ている」「子どものためなのか、先生自身の保身なのか」といったことに非常に敏感で、**先生から支援の気持ちが感じられないとノンフローになります。**そのノンフロー状態が続くと、例のごとく「先生、イヤ」という意味付けがなされ、授業の態度に影響が出てしまうでしょう。信頼関係を築くということは子どもに媚びるという意味ではなく、主導権を握る意味で大切なことなのです。

コラム3

ジンクスとルーティン

「ジンクス」や「験担ぎ」というものがあります。

「赤いパンツをはいていると試合に勝てる」

「カツ丼を食べると合格できる！」

など、結果を出すことを目的に決まった行動をとるのがジンクスです。しかし、これまでも説明してきたように、結果はコントロールできません。赤いパンツをはいたからといって負ける日もありますし、カツ丼を食べることが合格につながるわけでもありません。当然ですが、ジンクスの通りにしても、うまくいかないときはうまくいきません。そもそも誰にもコントロールできない結果をコントロールしようとすること自体、心を乱し、パフォーマンスを落とすことにつながってしまうのです。

　赤いパンツをはくことや、カツ丼を食べることなど、決まった行動をとるのはやめましょうと言いたいのではありません。それをどういう思考で行っているかが問題なのです。

「赤いパンツをはくと試合に勝てる」は、ジンクスであり験担ぎですが、「赤いパンツをはいていると気分がいいからはく」なら、それは"ルーティン"です。ルーティンは、それをすることによって気分が良くなる、フローになるなど、自分の心のために行う行動といえます。

　フローワード（p68参照）が自分をフローにしてくれるように、ルーティンがフロー化を起こしてくれるのであれば、何かひとつ決めておくのもいいでしょう。やっていることは同じでも、どのように考えて行動するかで、心の状態は変わり、ひいてはパフォーマンスも大きく左右されるのです。

　ライフスキルという思考習慣こそ、最高のルーティン！

第4章

ごきげん思考の声かけ編

「するべきことを
機嫌良くする」を大切にする
ごきげん思考の声かけ

　ここまで読んでいただき、授業がうまくいくかどうかは、子どもではなく先生次第であり、フローの価値を体感している「ごきげん思考」の先生が子どもたちをフローに導くということがわかっていただけたかと思います。

　とはいえ、さまざまな個性を持った30人を超える子どもを一度に相手にしなければなりません。そこで通用する普遍的な声かけをしていくためには、徹底的に自分の心と向き合い、フローの価値を大事にしながらライフスキル脳の機能を磨いていく必要があります。

　まず大前提として、自分自身がフローであることが大切です。ノンフローな人に声をかけられてフローになる人はいません。怒りやイライラといったノンフロー状態にとらわれたひと言を発する前に、

「これを言われてフローになるか？」

「こんなことを言われたらノンフローにならないだろうか？」

と自分自身の心に問いかけてみてください。

　また、「指示」の声かけをしたいときでも「支援」の声かけ

を組み合わせることを意識してください。「何を」という指示の声かけと、「どんな心で」という支援の声かけをバランス良くすることが、子どもたちのパフォーマンスを発揮させ、授業の空気をフローに導きます。

　声かけ次第でクラスの空気はがらりと変わります。それだけでなく、子どもたちが成長するスピードや方向性にも大きく影響を与えるといっても過言ではないでしょう。そんな認識が広がってきたせいか、「正しい声かけの方法やテクニックを知りたい」と訪ねてくる方も増えています。しかし、はっきりさせておきたいのは、声かけはテクニックではないということです。

　とくに心がけに紐づく支援の声かけは、あなた自身が常日頃持っている"心がけ"が"声かけ"に直結します。お決まりのフレーズを暗記したとしても、あなた自身の心がけがなければその声かけは表面的なものになってしまい、子どもの心には届きません。逆に、不器用な言葉であっても、それを裏づける心がけがあればフローになるでしょう。

　この章では、小学校の先生を対象にしたアンケートに寄せられたシチュエーションに基づき、声かけ例をいくつか紹介していきます。

　とはいえ声かけに正解や不正解はありませんし、丸暗記するようなものではありません。それぞれのシーンで自分だったらどのように声をかけるか、日頃の心がけと照らし合わせながら考えてみてください。

こんな声かけしていませんか?

SCENE 1

なんでできないの?
さっきやったよ?

授業の最後の数分は、その日の内容を振り返るための
問題を解かせることにしています。
決して難しい問題を解かせるわけではなく、
その日の復習をするだけなのですが、
まったくできない子がいます。
「なんでできないの? さっきやったよ?」
とつい言ってしまうのですが……

◆その言葉をかけられて、自分がフローになりますか？

まず、この言葉を自分自身がかけられたらどんな気分になるか考えてみましょう。

「なんでできないの？」と聞かれてフローな気分になるでしょうか？

例えば、頼まれた用事を「なんでやってないの？」と言われたら、どうでしょう？　フローな気分になれますか？　その子どもには、きっとできなかった理由があります。まずは「難しいよね？」など聞いてほしくありませんか？

「なんで○○なの？」という聞き方ほど、人を追い詰めるものはありません。答えに困って黙りこむと「なんで黙っているの？」と続き、答えると「なんで言い訳するの？」と続くのがお約束です。

これは、子どもを100％ノンフローにします。どんなシチュエーションであっても、この問い詰め方だけはNGです。

もうひとつ大事なのは、先生の仕事は教えること、つまり、**「できない人をできるようにすること」**です。

とても大変なことですが、子どもがわかっていなければ、それは自分が教えたつもりでも伝わっていなかったということ、つまり先生としての仕事をまっとうできていないということになります。

「なんでできないの？」と自分の立場で感情を爆発させる前に、「理解できるまで伝えられなかったんだ」と子どもの立場に立って、自分の教え方を振り返ってみましょう。

例えば、あなたがサッカー未経験者だとします。そんなあなたに指導者がリフティングをやってみせたとします。リフティングはこ

うやるんですよと説明もしました。その後、「はい、やってみてください」と言われてあなたはできるでしょうか？

　未経験なのだから、できるわけがないと思いますよね。そこで「さっきやったよ」と言われても、困ってしまいます。冒頭の発言も、それと同じことです。子どもたちはあらゆる面において未経験なのです。「なんでできないの？」も「さっきやったよ」も、できる人の発言であり、わからない人にどうしたら伝わるかを考えるのが仕事です。

　では、どのように声をかけたらいいかというと、このケースではまず、わからなくて困っているという気持ちを理解しようと心がけることが大切です。

「これがわからなくて困っているんだね」

「たしかに、難しいよね」

　わからないことで本人が混乱しているようであれば、自分自身の経験と同期させて共感を示すのも良いでしょう。

「先生も子どものころ、これが苦手だったんだ」

「先生にも苦手なことがいろいろあるから、気持ちはわかるよ」

　これは、心を励ます「支援」の声かけですね。**指示ばかりでは子どもはノンフローになってしまいます**から支援の言葉を挟んだうえで、

「こういう言い方だとわかるかな？」

「これを使えばうまくいくよ」

など、具体的にするべきことを示す「指示」に移りましょう。

「なんで、できないの？」「なんで、やらないの？」といった言葉はどんなシーンでも使うのは避けたいところ。自分のノンフローな気分を子どもに蔓延させるだけです。心をマネジメントし、「今は何をすべきか、何をさせるべきか」を考えましょう。

こんなシーンの心がけ

- 自分がその声かけでフローになるか考える
- 「なんで○○ないの？」は、教師のかける言葉ではない
- 「支援＋指示」のバランスを考える

何度言ったらわかるの？
やめなさい！

授業中、周囲の子にしつこく、
ちょっかいを出す子どもがいます。
やめるように言っても、何度も繰り返すので最終的には
「何度言ったらわかるの？ やめなさい！」
と、声を荒げてしまいました。
このような場面で効果的な声かけはありますか？

◆ わかってあげようと考えていますか？

　このようなケースは、子どもの年齢によっても対応が違うので、一概にどうするのが正解だということはありません。

　ただ、SCENE1でもお伝えした「なんで○○なの？」や、この「何回言えばわかるの？」といった声かけは、自分がノンフローであることを露呈する声かけで、子どもは返答に困ります。ノンフローが蔓延し、黙ってしまうだけです。

　子どもは1回言っただけではわかりません。1回言えば1回忘れるようにできているからです。**子どもが忘れる回数より1回多く言うことが先生の仕事**であると心がけておけば、この声かけにはならないでしょう。

　また、子どもの年齢に関わらず、まず「先生は君の気持ちを受け止めているよ」と示すことが大事です。人は誰しも「自分をわかってほしい」という気持ちを持っています。共感や同意でなくてもいいのです。まずは「受け止めている」という「理解」を示すことが信頼関係を築くための第一歩です。

「お友達が気になるよね」

「ちょっかいを出したい気分なんだね」

　など理解を示したら、さらにもう一歩踏み込んで気持ちを聞いてみましょう。

「どんな気持ちでやっているのかな？」

「授業に飽きちゃった？」

　構ってほしいだけかもしれませんし、先にやられた子への仕返しなのかもしれません。気になっている女の子に振り向いてほしいの

かもしれませんし、これは聞いてみないことにはわかりません。

　理由を聞いてみて、共感したり、自分の体験と同期させたりできる部分があれば伝えます。これは、心を励ます「支援」の声かけですね。

「そうか、前にやられたから仕返ししたいんだね」

「つい、やっちゃうんだよね」

「先生も子どものころ、怒られたことがあるよ」

　このケースも前出のSCENE1も、「できない」「悪いことをした」という結果ばかりをクローズアップしてしまっています。でも、人間は感情と思考の生きものです。**人が行動するときには、必ず背景になんらかの感情や思考がある**のです。

　そして、ここが人間にとってもっとも大切なところです。行動と結果だけを見て「できた」「できなかった」と評価され続けると、追い詰められて苦しくなってしまいます。大人も同じですよね。

　どのような問題行動であっても、まずはその背景にある本人の気持ちを聞き出していったん受け止め、支援の関係をつくることが大事です。

　その上で、次に「今は何をすべきときなのか」と行動の指示をしっかりと伝えましょう。ここで思い出してほしいのは、指示は、明確に、具体的に、厳しくが鉄則です。**ただ「やめなさい」と言うのではなく、今は何に注力すべきときなのかを理解させましょう。**

「でも今は授業中だから、何をしたらいいのか考えよう」

「ちょっかいを出すのは面白いかもしれないけれど、迷惑だからやめよう。今は授業に集中するときだよ」

　こうして支援と指示を組み合わせると、子どもにしっかり伝わる声かけになります。

人間はわかってもらいたい生き物です。子どもたちの行動も、子どもなりの思考の結果です。それを理解し、「わかってあげる」と心がけましょう。その上で指示を明確に出したほうが、結果的に子どもに指示が伝わりやすくなります。

> **こんなシーンの心がけ**
>
> - 子どもが忘れる回数より1回多く指示する
> - 同意や共感はできなくても、相手をわかってあげる
> - 何をすべきか、指示は明確に出す

第4章 ごきげん思考の声かけ 編

こんな声かけしていませんか？

SCENE 3

やる気あるの？
ちゃんとやらないと
ダメだよ！

学芸会の練習や合唱で、自分の好きな役をできなかったり
一生懸命歌うのが格好悪いと思っているなどの理由で
真面目に取り組まない子どもがいます。
根気よく伝えなければと思うのですが、
すっかりやる気を失ってふざけたり、一生懸命やっている子に
対してバカにするような態度を見ると、
「ちゃんとやって」とつい叱ってしまいます。

◆ 感情は自由。まずはわかってあげる

　やる気を見せない子どもの指導は大変ですよね。それも、学芸会で自分のやりたい配役を選べなかった子や、歌うのが苦手な子に対して指導するならなおさらです。

　でも、基本は前出のSCENE1と同じです。まずは、「やりたくない」という気持ちを受け止めてあげましょう。「いいから、やりなさい」と厳しく指導する場面でもありませんよね。「この先生は僕のことをわかってくれるんだ」と思ってもらえれば、少なくとも相手にフローな風を吹かせることができます。

　やるべきことを理解させるためにも、まずは相手をフローにすることが第一です。ノンフローのままでは先に進めません。

「やりたくないんだね。他にやりたい役があったのかな？」

「やりたくないことをやるときって、やる気が出ないよね」

　このように声をかけて、「やりたくない」という気持ちを受け止めてあげましょう。**行動にはルールがありますが、気持ちは自由だからです。**

「先生もやりたくないことがたくさんあったし、今でももちろん、やりたくないこともあるよ」

など、自分の体験と同期させるのも良いでしょう。

　一度やる気を失った子でも、そんな自分の気持ちを認めてもらうことで、次に進めるようになるものです。

　子どもがこっちを向いてくれたら、次は、

「君は何がやりたかったの？」

「どんな歌ならやってみたい？」

と、逆に興味のあることを聞いてみるのも良いでしょう。好きなことを思い浮かべさせることで、ノンフローからフローへと気持ちが

第4章　ごきげん思考の声かけ 編

切り替わります。

　その上で、

「先生は、この役もとっても大切だと思っているから、君にやってほしいと思う。力を貸してくれないかな?」

「みんなが歌っているのを聞いて、どう? 意外と良い曲じゃない? みんなで歌うと気持ちがこもるから、一緒に歌ってみない?」

という言い方で、やる気を引き出してみるのもいいでしょう。

　また、「ちゃんとやれ」「一生懸命やれ」という言い方も難しいでしょう。**結果がともなっていなくても、子どもなりに一生懸命やっているというケースも多々あります。**

　また、「ちゃんと」「一生懸命」という言葉が漠然としていて、そういわれてもどうすれば良いのかわからない子どももいるでしょう。「しっかりやって」も同義ですよね。大人の中では「しっかり」のイメージができていたとしても、具体的な指導にはなりません。

　まだ低学年であれば、「一生懸命ってどうすることかわかる?」というところから話し合っても良いかもしれません。

「感情を込めて演技してみよう」

「ふざけないで、大きな声を出そう」

など、やるべきことを具体的に伝えてみるのがいいでしょう。

　いずれにしても、「やりたくないという気持ちはわかった。でも、君がいないとできないから一緒にやってほしい」というメッセージを伝え、フロー化を起こして指示することが第一歩です。頭ごなしに「やる気あるの?」とぶつけるのは、すでにノンフローに陥っている子をさらなる深みに突き落とすだけであって、何の解決にもなりません。

やりたくないという気持ちはわかった。でも、君がいないとできないから、一緒にやってほしいんだ

授業中に他の子にちょっかいを出すといったケースと違い、指示と支援のバランスでいうと支援が多めに必要なケースかもしれません。子どもの「ほかの役がやりたかった」といった気持ちを理解してあげることなどがまず大切です。

こんなシーンの心がけ

- わかってあげると考えて接する
- それぞれの一生懸命を受け入れる

第4章 ごきげん思考の声かけ 編

こんな声かけしていませんか？

SCENE
4

ドンマイ！
気にしないで！

運動会のクラス対抗リレーでのこと。
ひとりの子がバトンパスでミスをしたことが理由で、
負けてしまいました。
「ドンマイ、ドンマイ！」
「誰にでもあることなんだから、気にしないで！」
と声をかけたのですが、その子が元気になったようには
見えませんでした。

◆「気にしない」は「気にしている」と同義

「ドンマイ！」は便利な言葉なので使う先生も多いと思います。

ご存知の通り、「ドンマイ」とは英語の「Don't mind」に由来する和製英語で、「気にするな」という意味です。なので「ドンマイ、気にしないで！」と言うのは、「気にするな」と重ねて言っていることになり、必ず目的語が何かを意識させてしまいます。実はこの言葉、要注意ワードです。

もし自分が決定的なシーンでミスをして落ち込んでいるときに、何度もダメ押しで「気にしないで」と言われたらいかがでしょう？

仮にそれほど気にしていなかったとしても、ミスをしてしまったことがどんどんクローズアップされてくるような気がしませんか？

それは「気にしないで」と言われるたびに、その言葉の前提にある過去のミスが想起されてしまうからです。

過去は変えられません。ミスをしたときに抱いた感情も、消すことはできません。そもそも、脳は「気にしないで」と言われて、気にしなくなるようにはできていないのです。「気にしない」と考えているということは、「気にしている」と同義なのです。

声をかけているほうは優しさから発しているつもりでも、結果的に相手をノンフローにしてしまう要注意ワードが、この「ドンマイ」なのです。

もし、まだ本番の最中なのであれば、「ドンマイ！」という漠然とした言葉で不安を煽るよりも、気持ちを切り替えられるように具体的な方法を伝えるほうがいいでしょう。

「次！ 次するべきことに集中しよう！」

「集中、集中!」

こんな言葉でしょうか。状況がどんどん動いている中、「過去の
ミス」という不要なものにわざわざクローズアップして、子どもた
ちをノンフローにするメリットは皆無です。

すでに本番が終わっているのであれば、結果に言及する必要はな
いと思います。**見てやるべきなのは、勝敗ではなく一生懸命やっ
たこと、がんばったこと**です。だから、子どもの行事が終わった
ときは結果がどうであれ、どんなときでもこのひと言です。

「グッジョブ!」

勝っても負けても、うまくいってもいかなくても、子どもたちが
がんばったのであれば、「よくやった!」「がんばったな!」と、た
くさん褒めてあげてください。

ただ、がんばったことを認め、称えた上で、負けた悔しさに共感
することは大事だと思います。何が原因で負けたにせよ、悔しいと
いう感情はみんな持っていますから、その感情をごまかす必要はあ
りません。

「超、悔しいよな!」

「先生も負けると悔しい! わかるよ!」

そこは、全力で共感してあげると思います。大切なのは、結果で
はなく目の前のことに全力を注ぐことです。そのためにフローにな
れるような声かけをしてあげましょう。

そして、改善するにはどうすればいいのか考えさせる、またはそ
の指示を具体的に伝えてみましょう。

第4章 ごきげん思考の声かけ 編

「気にしなくていいよ」という言葉は、「あなたがバトンを落としたことは」という過去の出来事を思い起こさせるため、ノンフローになりがちです。過去を引きずるような声かけではなく、「今するべきこと」に集中させようと心がけましょう。

> こんなシーンの心がけ
> - 「気にするな」は過去を掘り起こす要注意ワードで余計に気になる
> - いつでも「今するべきこと」に集中
> - 結果ではなく一生懸命を褒める

早くしなさい！
時間ないよ

家庭科室、音楽室、図工室、体育館など、
教室を移動するときはクラス全員を廊下に並ばせます。
けれども、子どもたちが時間までに並ばずに
ふざけ合ったり、おしゃべりしているのは毎度のことで
「早く並んで！」「もう授業始まるよ！」と
急かすしかありません。
効果的な指導方法はありますか？

◆ 指示を伝えるために理解と支援を示す

　これは、今、何をするべきときなのかを理解させるために、指示の声かけが必要になるケースですね。

　毎回同じような状況になってしまうというのであれば、**指示を明確に示せていないか、もしくは子どもに主導権を握られてしまっている**という状況も考えられます。「早く〜！」というのは指示としては曖昧なので、暗に子どもたちに「まだ遊んでいていいだろう」と思わせてしまっているかもしれません。

　まずは、今何をすべきかの指示を明確に伝えましょう。
「先に並んでいる子たちに迷惑がかかるから、早く並ぼうね」
「〇時までに並べないと、次のことができなくなるから並ぼう」

　子どもたちが、自分がすべきことをイメージでき、行動に移せるような具体的な声かけを心がけましょう。学年や子どもとの関係性によっても異なりますが、的確な指示を伝えても変わらないというのであれば、指示を強めに伝える必要もあるでしょう。

　ただその時に大切なのは、指示と支援のバランスです。ただ語気を荒げて指示を繰り返すだけでは、子どもはノンフローに傾いてしまいます。子どもたちとの信頼関係も崩れてしまいます。

　そのため**強めに指示をするときほど、相手への理解や支援を織り交ぜ、バランスをとる**ことが大切です。
「まだ遊びたいのはわかったけど、今は廊下に並ぶときだよね！」
「さっきの体育で疲れたのはわかるけどさ、もう6年生なんだから、今何をするべきかわかるよね？」

　など、あえて口調を厳しくしたとしても、その中に相手への理解や支援を示す言葉を忘れないよう心がけましょう。

第4章　ごきげん思考の声かけ　編

子どもたちは「受け止めてもらっている」と感じることができれば、強い指示でもノンフロー化を起こしにくくなり、こちらに耳を傾ける態勢が整います。低学年に声をかけるのであれば、

「まだ遊んでいたいんだよね、その気持ちはわかるよ」

「並ぶのは面倒だよね」

といった感情を受け止める支援の声かけを多めにしてバランスをとり、その後に具体的な指示を出しましょう。なぜ速やかに並ばなければならないのか、その理由もきちんと説明すると子どもたちに伝わりやすくなります。反対に、もともと信頼関係が成り立っていたり、相手が中学生くらいなのであれば、

「早く並べ！」

と一喝することも効果的でしょう。

　人が人である以上、感情と思考は自由ですが、だからといって何をしても良いというわけではありません。教育として、そこは教えなければなりません。

「並んでくれないと先生も悲しい」

など、先生が自分の感情を伝えてみるのも時には効果があります。

　しかし、それを伝える手段は相手によって一様ではないので、一概に「この声かけが有効です」とはいえません。声をかける子どもの学年やひとりひとりの個性、信頼関係など、あらゆる状況をふまえて「指示」と「支援」のバランスを考え、瞬時に言葉を選ぶことが必要となります。また、かけた言葉が相手に響かなければ、どうしたらもっと伝わるか、言い方を変えなければなりません。そのためにも、**言葉の暗記ではなく心がけが重要**なのです。

子どもへの理解を示すことは、甘やかしではありません。「とにかく、並べ！」よりも、「遊びたいのはわかるけど、今は並ぶとき。するべきことをやろうよ」のほうが伝わりやすいと思いませんか？

> **こんなシーンの心がけ**
>
> ● 指示は明確に、具体的に厳しく
>
> ● 子どもの年齢や関係性を考慮して指示を出す
>
> ● 子どもたちに言うことを聞かせるような"魔法のひと言"はない

こんな声かけしていませんか？

SCENE 6

落ち着いて！
いっぱい練習したから
できるよ

作文をみんなの前で発表するときなど、
緊張する場面で話ができなくなってしまったり、
行動できなくなったりする子どもがいます。
「落ち着いて！　大丈夫だよ、できるよ」など
と声をかけるのですが、子どもたちのパフォーマンスに
改善が見られないことがあります。

◆ どうしたら落ち着くのかを示してあげる

　子どもに限らず、出番の前に「落ち着いて」という声かけは気軽に使われがちですが、私は使いません。

　その言葉で落ち着けるものなら、言われなくても落ち着いているでしょう？　落ち着けないから困っているわけです。

　結果的には落ち着いてほしいのですが、そのためには、まず緊張している状態を受け止めてあげる支援の声かけから始めましょう。

「緊張するよね、わかるよ」

「緊張するとうまく話せなくなるよね、みんなそうだから大丈夫だよ」

「緊張するのは特別なことではなくて、当たり前なのだな」と気づくだけで安心感が生まれて、フローに近づくことは多々あります。大人だってそうですよね。

　私は、大きな舞台に立つアーティストたちのトレーニングも担当していますが、私のトレーニングを受けるまでは、緊張するのはダメなことだと思っていたため、その感情を押し殺して表に出さないよう努力をしていたといいます。でもトレーニングを受け、「緊張してもいいんだ」と思えるようになってから、舞台の上でお客さんを前に「今、ものすごく緊張しています」と言えるようになり、それから緊張しなくなったそうです。

「君の好きな食べものはなんだっけ？」

「好きな芸能人はだれ？」

子どもたちへの声かけなら、上記のようにまったく関係のない話題

を振って、気持ちを切り替えさせるのも効果的です。フローワードやライフスキルです。「今、そんなこと考えられないよ〜」と返ってきても、笑顔が見られるなど表情の変化があればフローに傾いてきているでしょう。

　緊張を解きほぐすことができたら、具体的な指示の声かけをしてみましょう。

「深呼吸してごらん」

「できることをやればいいんだよ」

　漠然と「落ち着いて」と言うよりも、「深呼吸して」という具体的な指示を出すほうがベターです。

　さらに、「成功させる」のが目的ではなく、いま目の前にあること、できることを一生懸命やればいいのだということを伝えてください。やるべきことがはっきりすると、気持ちは落ち着くものです。

　そういう意味では、「いっぱい練習したら、できるよ」という声かけも、私は使いません。できる、できないというのは「結果」であって、**結果は本人や周りがコントロールできるものではない**からです。

　いっぱい練習するということが、成功を保証するわけではありません。練習してもセリフを間違えることもあるでしょう。子どもが、ひと言も間違えずに終えることが「成功」なのではなく、一生懸命にやることが「成功」だと思えれば、自ずと緊張がほぐれていくのではないでしょうか。

　本人がコントロールできるのは「結果」ではなく「過程」。一生懸命やるかどうかは、自分次第なのです。今できることを一生懸命やることができれば、結果がどうであれ、「グッジョブ！」です。

出番の直前なら、このように緊張をほぐしたうえで、たくさん練習してきたことを「がんばってきたよね、先生見てたよ」と褒めて落ち着かせてあげましょう。さらに、「今日もできることを一生懸命やろう」と送り出してあげてください。

こんなシーンの心がけ

- 「落ち着いて」は具体的な指示ではない
- 結果はコントロールできない
- 一生懸命やることが大切だと伝える

こんな声かけしていませんか？

SCENE 7

どっちが悪いの？
自分たちで解決して

ケンカをしてしまった2人の子どもたち。
お互いにうまく気持ちが伝わらず、
手が出て先に叩いた、叩かれたという話に。
2人で話し合うことを伝えても
イライラして歩み寄らない彼らに向かって
「どっちが悪いの？　自分たちで解決して」
と突き放してしまいました。

◆良い悪いを決めることだけが解決策ではない

　まずは、ケンカになった理由に耳を傾けましょう。いきなり「どっちが悪いの？」と善悪を決めるような問い詰め方をしてもフローにはなりません。

「何があったの？」

「どっちが何をしたの？」

「何と言われて、何と言い返したの？」

など、背景を聞かなければ状況を理解できないので、このあたりのことは必ず聞きます。人が行動を起こすときは必ずその背景に感情や思考があるので、それを理解しておきましょう。このとき、その子たちを責めるような口調にならないよう気をつけてください。

　人は誰しも感情や思考を理解してほしい、と思っています。この感情や思考を無視して、「ケンカをした」という結果を叱りつけたら、ただでさえケンカをしてイライラしている子どもたちは、さらなるノンフローに追いやられて心を閉ざすことになってしまいます。

　トラブルの渦中にある子どもたちに、「君たちのことを受け止めているよ」と示すためにも、まずは気持ちを聞き出してフロー化を促します。

　聞いてるうちに、どちらか一方に原因があることがわかれば、「君が謝るところだよね」という流れになることもあります。

　相手が意地悪をしたり傷つけるようなひと言だったとしても、先に手を出したのが相手であれば、「気持ちはわかるけど、手を出すことはいけないよね」と、どちらにも考えさせる声かけが必要です。

高学年になれば、自分たちで解決させることも必要ですが、突き放すのではなく、その解決方法を導くことも大切です。そのひとつが「謝る」ことです。「謝る」という行為については、このような機会に一緒に考えてみる価値があると思います。

もし自分が悪いと思っているのなら、もちろん謝らなければなりません。でも「どう見ても僕のほうが正しいよ」と思っていても、手を出してしまった、傷つけてしまったなど、心のどこかに引っかかるものがあるのなら、謝っておくほうがいいこともあります。

謝るというのは、負けることでも卑屈になることでもありません。大人でも何があっても謝らない人もいますが、これは自己正当化により、かえって過去にしがみついたり、とらわれたりしている人なのです。

謝って、過去を手放していくというのも大事なこと。友人関係をこわしてもいいから白黒をはっきりつけたいというなら話は別ですが、自分を正当化することに夢中になるよりも、「ごめんね」と手放してしまうほうがいいときもあるのです。

「事情はわかったけど、お互いにごめんねを言っておこう」

「あの子のこと、嫌いじゃないんでしょう？　このままイヤな気持ちを引きずるよりも、謝ったほうがいい気分になると思うよ」

こんなふうに、謝ることを奨めることもあります。

相手が悪くても、先に謝ることで得ることもある。フローになれるのであれば、それもメリットのひとつです。子どもたちには、そんなことも体験させ覚えていってほしいです。

> 事情は
> わかったけど、
> お互いに謝るのも
> ひとつの手だよね

第4章 ごきげん思考の声かけ 編

明らかにどちらか一方から嫌がらせを受けている場合をのぞき、子ども同士のケンカには、ムカつく、わかってほしい、口も聞きたくない、仲直りしたいなどさまざまな気持ちが錯綜します。その時はわからなくても、謝っておくことがその後の気持ちを整えるのに役立つことを実感していくでしょう。

こんなシーンの心がけ

- 行動につながった背景や感情を理解する
- 謝ることが、過去を手放すことに
  つながることを教える
- 子どもをフローへ導く方法を探る

145

こんな声かけしていませんか？

SCENE 8

真面目にやってる？
できなくて悔しくないの？

全員が力を合わせることが必要とされる大縄跳び。
何度も練習したにも関わらず、記録が伸び悩んでいました。
悔しがっている子どもたちもいるなか
平気でふざけたり、遊んでいる子に対しては、
ついつい「真面目にやれ」と思ってしまいます。
クラスが一丸となる声かけは、ありますか？

◆「悔しさ」だけが一生懸命のバロメーター？

　一生懸命がんばったのにできなかったとき、悔しがっている子よりも悔しがってない子が気になりますよね。でも、悔しさが表に出ていないからといって、悔しがっていないとは限りません。本人なりにモヤモヤした気持ちを抱えているかもしれないので、決めつけはやめましょう。**「悔しくないのは、がんばらなかった証拠だ」など、悔しくないことを否定するのはNG**です。

　悔しくないのは、がんばらなかったからでも感情がないからでもなく、心の中で感情がからまっているケースがほとんど。

　うまく言葉にすることができれば感情の整理ができて、フロー化につながります。

「今どんな気分かな？」

　表情から感情が読み取れない場合は、このように声をかけてみるといいでしょう。**ノンフローのままで終わるのか、フロー化させて終わるのかで、次回に対する気持ちの持ち方は変わってきます。**

「がんばっても記録が出ないから、つまらない」

「僕は一度もひっかかってないんだよ」

　など、何かしら言葉が出てくるでしょう。その気持ちを理解したら、具体的な指示で子どもたちの心をリセットしましょう。

「そうだね、記録が伸びないとつまらないよね。じゃ、上手に跳ぶコツをみんなに教えてあげてよ！」

「疲れてきたから、一回休もうか。休んでから、もう一回集中しよう！」

第４章

ごきげん思考の声かけ　編

それでも、結果としては記録が伸びない、他のクラスに負けると
いった状況になることも多々あります。負けた直後には、「こうす
ればよかったのに」といった指示の声かけは必要ないと思います。

　悔しがっている子にはまず共感していることを伝えましょう。
「負けて、悔しいよな！」

　これで、先生自身の素直な思いと、子どもへの理解が伝わります。
直後に「大丈夫だよ！」と言っても響きません。負けたのだから、
大丈夫ではないですよね。結果はコントロールできませんから「次
は勝てるよ！」とも言いません。

　そして日を改めて、負けた原因を探るための話し合いをします。
「勝ちに理由なし、負けに理由あり」という言葉は、世界中の鉄則
です。

　**ちなみに、負けた原因にだけ頭を突っ込み、みんなでノンフロ
ーになるのが「反省会」です。**その原因を引き出し、何をして改
善していくのかというところまで話し合うのが「改善ミーティン
グ」です。

　子どもの場合は、負けたことを受け入れるのに時間がかかること
もあるので、落ち着いてから改善ミーティングを行いましょう。先
生が感じていた改善点や指示があれば、負けた直後ではなく、この
ときに出すようにしましょう。

　失敗を振り返って反省し、同じ失敗を繰り返さないよう指導する
のも、非常に重要なことです。いずれ大人になれば、「失敗しても、
次の日になったら忘れちゃう」ということが許されなくなります。
その日のために、少しずつ練習しておくことも必要です。

悔しいという感情を見せるからがんばっている、悔しくないからがんばっていないという訳ではありません。それぞれの気持ちに理解を示し、今すべきことをもう一度見つめさせましょう。後日、次につなげるための改善ミーティングをクラスで行うことで、次につながるはず。

第4章 ごきげん思考の声かけ 編

こんなシーンの心がけ

- それぞれの感情に理解を示す
- 反省会で終えず、次につながる改善ミーティングを

こんな声かけしていませんか？

SCENE 9

ちゃんと覚えてきてって先生、言ったよね？

学芸会の予行練習のとき、
なかなかセリフが出てこない子がいました。
宿題としてセリフを覚えることを出していたし、
とくに緊張している様子もなかったので
つい「ちゃんと覚えてきてって言ったよね？」と
叱ってしまいましたが……。

◆その声かけ、自身の保身や不機嫌の結果では？

なぜ、セリフを言えないのか？

練習をサボって覚えてこなかったのか、ガチガチに緊張しているから言葉が出てこないのか、もともと話すことが苦手なのか、吃音があるのか。担任であれば、その子のタイプはわかるはずです。

練習をサボって覚えてこなかったのであれば、「ちゃんと覚えよう」と指示を出すことも大切ですが、それもまずは本人に聞いてみないとわかりません。

緊張する子ならまず解きほぐしてあげるのが担任の役目ですし、もともと人前で話すことが得意でなければ、舞台に出ただけで言葉がつまることもあるでしょう。いずれにせよ、**セリフが出なかった理由も聞かずに、みんなの前でこのように頭ごなしに叱るのは絶対にNG**です。

その子のセルフイメージが小さくなり、あらゆる面でチャレンジができなくなってしまいます。要するに、トラウマですね。先生にとっては何気ないひと言でも信頼関係が損なわれ、最悪の場合、心の病気を引き起こすことにもなりかねません。

何度もお伝えしますが、人は誰しも「わかってほしい」という思いを抱えている生きものです。そこを無視して物事を進めようとすると、**「わかってもらえなかった」「置き去りにされた」という思いから、子どもなら間違いなくノンフローに陥ります。**

このケースの場合は、

「覚えてきたのに、舞台に立ったら言葉が出てこなかった」

「話したいのにうまく話せない」

という困惑をわかってほしいと思っているはずです。まずはそこを理解している、ということを示さなければ、信頼関係そのものが構築できません。

「セリフはわかっているけれど、うまく出てこないんだね」

「せっかく覚えてきたのに、みんなの前だと出てこなくて残念だったよね」

その子自身が、「真面目に取り組んでいるけれど、うまくいかない」という気持ちを先生にわかってもらえているという安心感があれば、気持ちもフローに近づくでしょう。なにより、舞台でうまくできなくて悲しい思い、恥ずかしい思いをしているのは本人なのですから。

そもそも、本当にこの子を応援していてセリフを言ってほしいのであれば、「ちゃんと覚えてきてって言ったよね？」というような言葉は出てこないではずです。

少なからず、「自分のクラスにセリフの言えない子がいたら、自分の評価が落ちてしまうかも」という保身があったのではないでしょうか？　こういった場面に限らず、**「先生、〇〇って言ったよね？」という言葉は、子どものことを考えてというより、自分の苛立ちやノンフローが露呈した状況でつい口をついて出てきてしまうケースが多い**ように思われます。こういう本心は、あっさり子どもに見抜かれます。

「何事も一生懸命やることがうちのクラスのモットーだ！」と言えるくらい、大きく構えて見守ってやりたいものです。

理由が何であれ、子どもは舞台でセリフが言えず、恥ずかしい思いをしていることに代わりはありません。まずはそこを理解してあげましょう。たとえ練習不足だったとしても、先生にこう声をかけられれば「次は覚えてこよう」と思えるでしょう。「覚えてきてって言ったよね?」でフローになる人はいません。

こんなシーンの心がけ

- 頭ごなしの決めつけはNG
- その声かけ、子どものためのもの?

こんな声かけしていませんか?

SCENE 10

今日はとても 大事な本番!! 成功すると信じているよ!

運動会の本番の日。
見せ場の組体操が練習ではなかなかうまくいかず
みんな緊張しているようでした。
なんとか成功させてほしいという気持ちを込めて
「今日は大事な本番です。成功すると信じているよ!」
と発破をかけましたが、結局失敗してしまいました。

◆ 意味付けは、子どもの緊張感を煽る

運動会は勝ち負けがあるし、多くの人が見ているので緊張しますよね。

組体操など、難しい演技の前となれば緊張してクラスが重たい雰囲気が漂ってしまうこともあるものです。

これまでの練習を見守ってきた担任としては個人的な思いも溢れ、どのように振る舞うべきなのか迷ってしまうこともあるでしょう。練習で楽々成功しているならまだしも、できたりできなかったりの状況で本番を迎えるときほど、どんな声をかけたらいいか悩むものです。

ここで大切なことは、子どもたちに「なにがなんでも組体操を成功させる」ことが目的なのではなく、「みんなが力を合わせて一生懸命やる」ことが目的だと思わせることです。

80ページでも説明したように、**「一生懸命やることは楽しいこと」と学ぶことは、ライススキル脳のアップにもつながります。**思いきりやること、一生懸命やることの重要性を伝えずに、「成功させよう」と結果だけをクローズアップしてもフローにはなりません。もっというと、フローでなければ、結果も出にくくなります。

「何があっても先生が守ってやるから、思いっきりやっておいで！」

「いつも先生が応援してるから大丈夫。一生懸命を楽しんでおいで！」

と伝えることが、子どもたちのフローな雰囲気を生み出します。

大事なのは「結果」ではなく、一生懸命に、思いきりやること。だから、思いきってやったなら、子どもたちは結果について一切心

第4章　ごきげん思考の声かけ 編

155

配しなくていいのです。それなのに、「成功すると信じているよ」など、結果を出すことを期待する声かけをすると、子どもたちの心はゆらぎます。結果を求められてもコントロールすることはできないので

「失敗したら、みんなに笑われてしまうのでは？」

「私だけできなかったら、どうしよう？」

など、未来を心配してしまい、さらに不安や緊張感が高まります。これでは、日頃の練習の成果が出せるはずもありません。先生の役目は、**結果に対するこの心配を振り払ってあげる**ことです。

そういう意味でも、「今日は大事な本番です」という声かけも避けたいところ。「大事な」というひと言は、よけいな意味付けの典型です。そもそも大事という意味の付いた本番などありません。わざわざ**大事なという枕詞で子どもたちの緊張を煽る必要はありません**。

もっというと、普段の練習は大事でないとも聞こえます。暗に「本番だけでも成功すればいい」という気持ちを匂わせていないか、自分の心がけに立ち戻ってみてください。

「次は組体操ですね。緊張するけど、今、自分ができることを思いきりやろう。それから一生懸命を楽しむことを忘れずにね！」

これで十分です。そして、子どもたちが演技を終えて戻ってきたら、たとえ途中でどんな失敗があったとしても、

「グッジョブ！」

と最高の笑顔で迎えてあげてください。

練習で成功したりしなかったりだったのであれば、子どもたちがいちばんその状況を把握して、緊張しているはず。「結果を出せ」と、その不安に追い打ちをかけるのではなく、自分の力を出しきることにフォーカスして、子どもたちの心を整えてあげましょう。

第4章 ごきげん思考の声かけ 編

こんなシーンの心がけ

- 結果ありきになっていないか？
- 応援ではなく、期待になっていないか？
- 一生懸命を楽しむことを伝えられているか？

こんな声かけしていませんか？

SCENE 11

なんで、やってこないの？
みんなやってきているよ

何度言っても、宿題をやってこない子どもがいます。
「なんで、やってこないの？　できない理由があるのかな？」
「みんなやってるよ」など伝えると
「どうして宿題をやらないといけないの？」
と逆に質問されてしまいました。
どのように答えればいいのでしょう？

◆集団生活のルールを身につけさせるには？

「どうして夜は寝ないといけないの？」

「どうしてごはんを食べないといけないの？」

　など、子どもは抵抗の一手段として、答えにくいことを聞いてくるものです。

「どうして宿題をやらないといけないの？」

もそんな質問のひとつですね。

　時間を守ること、忘れずに提出物を持ってくること、人の話を聞くことなど、社会で生きていくのに必要な集団生活のルールを身につけさせることも、教育現場の役割のひとつです。

「ルールだから」

「学校だけでなく家でも勉強する習慣がつくように」

　理由を説明するのが難しいケースもありますが、認知に働きかけてあくまで明確にわかりやすく答えてあげることが必要です。すぐには答えを出せない質問であれば、子どもと対話して一緒に考えることも大切です。

　声かけとは一方通行ではなく対話です。お互いに考えていることを話しながらわかりあっていく作業だと理解してください。

　ただ、それに対してどのような感情を持つかは個人の自由です。**宿題をイヤだと感じることも自由ですし、面倒くさいという気持ちを否定する必要はありません。**

　もちろん、「イヤと思ってはいけない」とか、「成長に役立つものだからありがたいものだと捉えよう」なんて意味付けをさせても無理があります。共感できることは共感を、共感できなければ、その気持ちを理解してあげることが大切です。

けれども、どんな感情であれ、ルールとして宿題はやらなければいけないものです。そこははっきりさせておきましょう。

「宿題はイヤだよね、わかるよ。でもやらなくちゃね」

「先生も子どものころ、宿題をやるのがイヤで困ったよ。お母さんに『なんでやらなくちゃいけないのかな』と聞いたら、『あなたのためよ』って言われたんだけど、わかったようなわからなかったような感じだった。でも、工夫してやってたよ」

この声かけなら、**「イヤだ」という気持ちを理解した支援の声かけと、「でも、やろうね」という指示の声かけのバランスがとれた良い形**となります。しかし、「みんなやってるよ」と他人を持ち出すのは気持ちのいいものではありません。大人であれ子どもであれ、どのようなシチュエーションであれ、他人を引き合いに出されてフローになる人はいません。

前出でも説明しましたが、「なんでやってこないの？」という詰問調の声かけも絶対にNGです。答えられずに黙っていると、「なんで黙ってるの？　ちゃんと理由を言いなさい」と言われ、答えれば「なんで言い訳するの？」とさらに問い詰められる最悪の質問であることは、子どももよくわかっています。完全にノンフローになる声かけです。

「どうしたら、宿題をできるようになると思う？」

「どうしたら宿題を早くやれるのか、考えてみようか」

本気で宿題をやらせたいと思うのであれば、**ノンフローに追い込むのではなく、どうすればできるのかを一緒に考えてみるほうが良い**でしょう。

どうしたら宿題を
やってこられるかな？
考えてみよう

第4章　ごきげん思考の声かけ 編

学校は、集団生活のルールを教える役割も担っています。とはいえ、ただルールを押しつける指導ではノンフローな空気が広がり、先生の顔色を見て行動するような子どもになってしまいます。主従関係ではなく信頼関係を築くことが子どもの心の成長を育みます。

こんなシーンの心がけ

- どんな状況でも、感情は自由と理解する
- ルールを身につけさせるのも指導
- 指示と支援のバランスを考える

こんな声かけしていませんか？

SCENE 12

ふざけない！先生の話をしっかり聞いて！

授業の途中で、先生の話を遮ってふざける子がいます。
何度注意しても私語をやめないので
「ふざけない！　先生の話をしっかり聞いて！」
と怒鳴りつけることになりました。
もっと効果的な伝え方はあるのでしょうか？

◆指示と支援のバランスで信頼関係を築く

　これは子どもの年齢や性別によって対応が変わるので、難しいところではあります。ただ、相手が何歳であれ、「授業中は静かにする」「人がしゃべっているときは話を聞く」ということは、最終的に教えなければなりません。これは「指示」の声かけです。

　このとき、**単に「ふざけない！」と否定系で指示を出されても、子どもはふざけないことが何をすることなのかわからない**ので、行動に移せません。

　そうではなく、「今は何をすべきときなのか」を理解させて具体的に指示を出し、やるべきことに注力させることが大事です。

　低学年の子であれば、まずは、支援の声かけでふざけたい気持ちの背景に耳を傾けたり、自分と同期させたりして、「君のことを受け止めているよ」と示してあげましょう。

「今、ふざけたい気持ちなんだね」

「どうして今そんな気持ちになったのかな」

などと声をかけて、心を整えてあげましょう。その上で、今が授業中であり、話を聞かなければいけないときであることを伝えます。

「気持ちはわかったけれど、今は授業の時間。君がふざけていると、他のみんなにも迷惑がかかるし、先生も授業ができなくて困る。だから先生の話を聞いて」

　授業中は話を聞くのがルールであっても、**頭ごなしに命令されると反射的に耳を塞いでしまいます**。最終的に授業に集中させたいのであれば、子どもの行動への理解を示し、何をすべきか子どもにも伝わる的確な指示を出します。

今やっている授業の必要性を感じられず、授業に集中できていないのであれば、**なぜ授業を受けないといけないかを示す**必要もあります。
「今までできなかったことも、どんどんわかるようになっていくよ」
「一生懸命やるほど、楽しくなるよ」
など、根気よく伝える必要がある子もいるでしょう。
　もし、子どもたちとの間に信頼関係が成り立っていれば、
「話を聞きなさい！」
と一喝するのもありだと思います。信頼関係さえ成り立っていれば、子どもたちはこれで理解します。良い先生というのは、まず信頼関係をつくるのが上手です。
　子どもは、「この先生はいつでも自分たちを受け止めてくれている、見守ってくれている、信じてくれている」と理解していれば、いざというときのひと言を理解します。
　指示の声かけが効果を発揮するには、支援の関係ができているという前提が必要なのです。**信頼関係ができていないのに無理に言うことを聞かせようとして生まれる最たるものが、体罰**です。恐怖で押さえつけるしかなくなってしまうのは、信頼関係ではありませんよね。
　子どもにとって先生は他人であり、いわば権限だけを持っている人です。その点を理解して、信頼関係をつくれるように指示と支援のバランスを意識した声かけをしていくことが大切です。

ふざけたいのは
わかる。しかし、
今は授業の時間だから
先生の話を聞いて!

第4章　ごきげん思考の声かけ 編

同じシーンでも、子どもの年齢や性格によって声かけの言葉は変わってきます。反対にいうと、こういうシーンではこの言葉をかければ大丈夫という魔法のワードはありません。常に指示と支援のバランスを考え、信頼関係を築くという心がけの先に、ベストな声かけが生まれるのです。

こんなシーンの心がけ

- 「○○しない」という否定形では、指示が伝わりにくい

- 行動の背景にある考えや気持ちをわかってあげる

- 指示と支援のバランスを考える

こんな声かけしていませんか？

SCENE 13

みんなの迷惑になるから、早く食べなさい

給食を食べるのが苦手なのか、
ひとりだけ遅くまで食べている子がいます。
なかなか片づけられないので、
昼休みに遊びに行けず、イライラする子も出てきて
「みんなの迷惑になるから、早く食べて」
と周りの子たちが言うようになってしまいました。

◆誰にでも苦手があることを理解してあげる

　人の数だけ苦手なことはあります。勉強が苦手、運動が苦手、人と話をするのが苦手、給食を食べるのが苦手などなどいろいろあります。これは子どもに限ったことではなく、大人だって同じで、苦手があるのは当たり前のことです。

　うまくやろうとしてもできないことを責められることほどつらいことはありません。セルフイメージが小さくなり、何をするにしても「どうせ自分は……」と自信が持てなくなってしまいます。

　そうすると、発端はただ「給食を食べるのが遅い」ということだけだったとしても、じわじわと苦手なことが増えてしまったり、友だちとうまくつきあえなくなってしまったりする可能性もあります。

　先生と一緒に急かすようになった子どもたちは、どんな気持ちでしょう？

　一見、得意気に見えるかもしれません。けれども「もし、自分がうまくやれないときは、同じようにみんなに責められるのだな」と感じると、何事に対してものびのびとチャレンジできなくなってしまいます。

　責めるほう、責められるほう、両方にとってメリットは何ひとつありません。

　早く遊びたい、早く片づけたいという他の子どもの気持ちを考慮することも必要ですが、これが、ほかの"苦手"だったらどうでしょう？　運動が苦手な子に、「走るのが遅いから周りに迷惑がかかる」とは言いませんよね。

　「給食を時間内に食べることくらい、大したことではない」とい

う思い込みがあるのではないでしょうか？

「早く食べて」という声かけに、もしそのような思いが隠れているのであれば、苦手意識を責められることから生じるさまざまな弊害に目を向けてほしいです。

このような状況なら、

「みんなで応援してやろう」

と、あえて周りの子に対して声をかけると思います。それが本人のプレッシャーになる場合もありますが、周囲の子に対して、「この子のせいで自分は迷惑をかけられている」という気持ちを抱かせない配慮も必要です。

本人には支援の声かけで、「君の気持ち、わかるよ」と共感していることを伝えます。

「早く食べたくても、時間がかかってしまうんだよね」

「先生も子どものころ、苦手なおかずがあって苦労したよ」

ノンフローな気分では、できるはずのこともできなくなって当たり前。まずは**「給食を食べられない自分も、受け止めてもらっている」という安心感からフロー化を引き起こす**ことです。

その結果、できること、できないこと、いろいろとあると思います。できなかったとしても「結果」に対して厳しい目を向けるのではなく、「一生懸命食べようとしている」「少しずつ食べられるようになってきている」など、**時間の幅をもって過程を見守ってやりたい**ものです。

待つ、見守る、信じることができるのは、時間の幅をもって接することができる先生だけができる支援です。結果だけでなく、日頃から子どもたちの可能性や成長に目を向けるよう心がけましょう。

「苦手なものも、少しずつ早く食べられるようになったね」

給食に限らず、周囲が思うよりも本人にとって苦手意識が強く、できないことにコンプレックスを感じる場面は多いもの。周囲にとっては何気ないひと言でも強く傷つくことがあります。子ども同士ならまだしも、先生がその何気ないひと言を発することのないよう、心がけていたいものです。

第4章 ごきげん思考の声かけ 編

こんなシーンの心がけ

- 「やりたくてもできない」ことを叱らない
- ノンフローを蔓延させる声かけをしない
- 結果ではなく可能性や成長に目を向ける

169

こんな声かけしていませんか？

SCENE 14

「絶対、受かる！」「がんばったんだから、大丈夫」

中学受験をする子どもが多いエリアです。
基本的には担任が口を出すことではありませんが、
子どものほうから、不安な気持ちを伝えられることがあります。
受験前には、「きっと、受かるよ！」と励まし
希望校に落ちてしまった子には
「がんばったんだから、大丈夫だよ」と慰めますが
それで良いのか、自信がありません。

◆ 受験は人間的価値を判断するものではない

　ただでさえピリピリしている受験生に向かって、受験の直前直後に声をかけるのは難しいものです。声かけが大切になってくるのは、このタイミングではなく、受験することを決め、それに向けて取り組む時期だと思います。

　合否というのは、作為的に決めた一定のラインで分けられます。108番目の成績だった場合、誰かが「100人で切りましょう」と言えば落ちるし、「110人で切りましょう」と言ったら受かります。110番目と111番目の子に、大きな差があるわけでもありません。

　受験とはそのようなものであって、**決してその子の人間的価値を決めるものではない**のです。大人であれば当然わかっていることですが、受験に臨む子どもには、大前提としてこのことを早いうちに伝えてあげましょう。

「受験の合否は、誰かが決めた基準点によって決まるもの。君の人間的な価値とはまったく関係ないところで決められる。落ちたとしても、それで君自身が否定されるわけじゃない。これをわかったうえで、君が一生懸命勉強するのであれば、応援するよ」

　このように話せば、理解してもらえると思います。

　これから受験に向かう子どもに対して「絶対、受かるよ」ということも、私なら言いません。**受かるかどうかは、誰にもわかりません。作為的である以上、どんなにがんばっても落ちることもあります。**子どもを安心させるつもりで出る言葉かもしれませんが、「絶対、受かる」と暗示にかけることよりも、**自分が持っているパフォーマンスを最大限に引き出そう、すべきことに集中させる**ほうが先決です。

「これまでがんばってきたね。できることを一生懸命やっておいで」

「やることに集中してね。先生も応援してるよ」

など、今できることに気持ちを注げるよう心がけましょう。

緊張しやすい子であれば、これまでにもお伝えしたように、

「当日、席についたらまず深呼吸してごらん」

という声かけでもいいでしょう。「あわてないで」「焦らないで」など、○○しないでと否定の言葉をかけられても、人は行動に移せません。落ち着いて目の前のことに取り組むよう促すことを心がけて下さい。

また、受験に落ちたときに無理やり励ますために声をかけるようなことも、私ならしません。スポーツなどで試合に負けたときと同じです。ただ、その子が落ちたことに対して素直な感情を伝え、共感を示すことはあります。

「先生も悔しいよ！」

「悲しいな、先生もわかる」

さらに、**人間としての価値が否定されたわけではないということを改めて伝えておきましょう。**

「受験に落ちたからといって、君の価値はまったく変わらない。それは覚えておいてね」

この点は、ブレずに伝えたいものです。子どもは結果＝自分の価値だと思いがちですから。**自分の価値は落ちないとわかれば、結果によってセルフイメージを小さくすることもないでしょう。**

合否にかかわらず、その子にとって受験は間違いなく大きなチャレンジだったはずです。せっかくチャレンジしたのですから、自信を失わせないように、声かけでサポートしてあげてください。

受験に落ちてしまった子、試合に負けてしまった子、何かにチャレンジして失敗してしまった子に対して、「あなたの価値は変わらないから大丈夫」と伝えたいなら、「大丈夫だよ」という言葉で曖昧に励ますより「あなたの価値は変わらない」ことを伝えたほうが、本人にとって大きな励ましになります。

こんなシーンの心がけ

- 直前には、本人が「できることに集中する」と考えられる声かけを
- 結果が出なかったときは、自己価値を保つような言葉をかける

第4章 ごきげん思考の声かけ 編

"ごきげん思考"実践者の声

「問題があったときでも気持ちの波を大きくせず切り替えられるように」

K.S.さん

公立中学校国語教師。大学時代に教員免許を取得。卒業後は専業主婦をしていたが、「自分の子と同じ時代を生きる子どもたちに、できることをやっていきたい」と教員採用試験を受け、合格。就職後には特別支援学校教諭免許状も取得。普通学級、特別支援学級の勤務などを経て、現在は公立中学校普通学級の国語教師として指導をしている。

ごきげん思考キーワード

- 自分の心は自分で決めると考える
- 自己ツール（表情・態度・言葉）を大事にすると考える

◆「どう見られているか」という
  自分本位な考えではなく
  「生徒にとってこうしたほうがいい」と考える

　私が辻先生に学ぼうと思ったのは、職場の人間関係に悩んでいた
というのが一番の理由です。4年ほど前に公立の中学校で国語の教
員として採用された後、発達障害などを持つ生徒へのアプローチを
学んで指導にいかしたいと思い、特別支援学級に自ら志望して異動
しました。ところが、そこは教員同士の関係がすごく閉鎖的な世界。
非常に厳しい先輩がいて、彼女の言うことが絶対なので、正しいこ
とを主張しても通用しませんでした。私は目をつけられてしまって、
変な噂を流されたり、授業もほとんどさせてもらえなかったり。本
当に疲れてしまい、「何のために通勤すればいいんだろう」と毎日
悩んでいました。でも、この状況に負けたくなかったし「自分の価
値をわかってくる人はきっといる。そう感じられるように、何か得
意技を持ちたい」という気持ちが日に日に強くなっていったんです。

　その頃、辻先生の著書を何冊か読んで興味を持つようになり、セ
ミナーに参加。その後、ワークショップに通うようになりました。
私が参加したワークショップでは、全部で34個の"考える"と"気
づく"に関する項目を勉強しましたが、その中でも特に感銘を受け
たのが「自分の心は自分で決めると考える」と「自己ツール（表情
・態度・言葉）を大事にすると考える」でした。特に後者につい
ては、国語教師の私にとって日々の指導に直結することで、すごく
価値のあることだなと思いました。

　教師という仕事は、常にさまざまなストレス源を抱えています。

生徒の目、保護者の目、管理職の目、地域の目……「教師はこうしないといけない」「教師なんだからこうするのが常識だ」と言われるとなかなか本音も言いづらい。でも、そういうときにノンフローになっても何もいいことはないので、そこでいかにフローな状態でいられるか？　相手にとってフローになるような対応ができるか？そう考える視点を持つことができるようになりました。もともと自分でもなんとなく考えていたことですが、私は感覚的なタイプなので、辻先生がわかりやすく整理してくれることで、それらを言葉として認識できたことも大きかったと思います。

　また、セミナーの参加者には救急救命士の方、開業医の先生、モデルさんなどいろいろな方がいて、個性もさまざま。とても雰囲気が良く、職場の人間関係に悩んでいた当時の私にとって、謙虚に一生懸命勉強している人と出逢えたことが本当にうれしく、価値を共有できる仲間がいることに幸せを感じていました。

　現在は中学校の普通学級で国語を教えていますが、以前と比べて教え方に大きく変化がありました。「生徒のいいところを見る」ということと、「指示を具体的にする」ということができるようになったと思います。黒板に書くときも、どこに何を書くか決めて構造化したり、一時間の流れがわかるように授業の最初に明示したり。視覚的に情報が入る人もいれば聴覚優位の人もいる。人それぞれできることや得意なことが違うということを意識して、具体的な方策を取るようになりました。そして、「自分がどう見られているか」という自分本位な考えがなくなって、「生徒にとってこうしたほうがいい」と考える比重が、以前より多くなったと感じています。

果たして授業がうまくできているのかはわかりませんが、生徒には「先生がいなくなったら学校が楽しくない」と言ってもらえたり、調子が悪いときは「先生、笑って！」と生徒に励まされたり。疲れるし大変なこともありますが、この仕事が楽しいと心底思えるようになりました。自分が楽しみながら仕事をする姿に対して、生徒に「かっこいい」と言ってもらえるのもうれしいことです。

　私が現在勤務している学校は、以前は荒れていることで有名だったので、先生たちも生徒の扱いにはかなりナーバスになっていました。生徒を統率するのが良しとされていましたが、そうではなく「新しいことを企画して楽しくやろう」と考える先生が増えてきました。私自身も「生き生きしてますね」と言われるようになったり、業務連絡のメモに「尊敬しています」なんて書かれたり（笑）。私は今の学校に勤めてまだ2年目だし、できないことも多いですが、見てくれてる人がいるのかなと思えるとがんばれます。

　メンタル・トレーニングのおかげで、何かあったときでも気持ちの波をあまり大きくせずに切り替えられるようになりました。どれだけ一生懸命でも「苦しいな、嫌だな」と思いながら働いていたり、「こんなにがんばっているのにみんなにわかってもらえない」と落ち込んだり、病気になったりしたらもったいないですよね。生徒と一緒にいられる時間は3年間しかないのだから、少しでも楽しいと思える時間を共有できたらいいなと思います。
　今後、異動などで環境が変わっても、自分のメンタルを整えることができるスキルがあるので大丈夫だと思えます。

"ごきげん思考"実践者の声 2

「無理して機嫌をとると生徒はノンフローになるんですよね」

E.M.さん

ピアノ講師。物心ついたころからピアノに触れて育ち、音楽大学へ進学。現在は、主に地元である兵庫県内で子どもたちにピアノレッスンを行うほか、大学で非常勤講師として学生へのピアノ指導をしている。さらにピアニストとして個人での演奏やリサイタルなども行う。

> **ごきげん思考キーワード**
>
> - 自分を客観視する
> - すべては自分で決めてやっていることに気づく

◆感情の波を図式化し、書き出すことで 自分を客観視できるようになった

　小さい頃から家にピアノがあり、ピアノを弾くのが当たり前でした。音大を出てからは音楽教室で小中学生を教えたり、大学で学生を指導していたり。その上でピアニストとして個人での活動もしていたのですが、20代の終わり頃からずっと演奏に行き詰りを感じていました。とにかく緊張がとれなくて感情のコントロールができず、本番前もガチガチに固まってしまい、思ったように弾けない。心療内科に行ったりアロマテラピーを勉強したり、いろいろやってみましたが一向に楽にならない。約10年間、ずっと「おかしいな」というもやもやした状態が続いていました。

　そんなときに辻先生の著書『演奏者のためのメンタル・トレーニング 演奏者 勝利学』（ヤマハミュージックメディア）をたまたま手に取りました。以前から、音楽をやる人とスポーツをやる人の感覚は近いものがあると感じていて、アスリートやオリンピアンの言葉を聞いて共感することは多々ありました。この本も、演奏者として読んで納得できることばかり。ワークショップを開催しているということだったので「直接話を聞いてみたい」と思い、兵庫から一人で上京しました。それぐらい当時は深刻に思い詰めていて、辻先生に、メンタルトレーナーとして助けを求めたんです。

　ワークショップで学んでまず実践したのが、練習のときの感情の波をグラフにすること。感情を図式化し、そのときの感情も書き込んでいきました。すると、大体マイナスの感情＝ノンフローな言葉が並びます。これをフローに傾けるためには、どのライフスキルを

巻末

ごきげん思考実践者の声

使ったらいいだろう？　とメソッドと照らし合わせて、ひとつひと
つの感情と向き合う作業を繰り返しました。書き出すことで自分を
客観視できるようになっていったのでしょうか、不思議なぐらい緊
張がなくなりました。緊張のあまり人前で演奏することもできなか
った私が、単独でリサイタルを開けるまで成長できたんです。以前
からリサイタルをやりたいという気持ちはありましたが、そんな大
きなことができるなんて考えられなかったことです。今でも本番前
は緊張しますが、以前のようなイヤな感情はまったくなりました。
これが自分にとっては、いちばん大きな成果ですね。

　指導者としても、生徒とコミュニケーションをとりやすくなった
なと感じます。以前は機嫌の悪い子がいたら「機嫌を直してもらわ
なきゃ」とオロオロしてしまっていましたが、今は「そうか、機嫌
悪いんだね」とわかってあげることで振り回されなくなりました。
生徒の中には、機嫌次第できつく当たってくる子もいれば、突然泣
き出す子もいます。もしそうなっても、あえて理由を聞いたりしま
せん。「理由はわからないけど、泣きたいのね」とそのまま受け入
れていれると、時間が経って落ち着いたときに、相手がポロっと本
音を言ったりするんです。私に心を開いてくれているのかな、安心
してくれているのかな、と感じられるようになりました。

　これは、本番前に生徒が緊張しているときも有効です。みんな緊
張して「もうダメです」とマイナスに捉えるので、「人間なんだか
ら、緊張はするもの。しないほうがおかしい」と言ってあげます。
よく緊張をほぐすために「観客はみんなキャベツだと思え」なんて
言う人もいますが、あれは嘘だと思うんです。辻先生もよくおっし
ゃっていますが、観客が０人でも100人でも関係なく、自分のパフ

ォーマンスをすればいいんですよね。

「人に良く見られたい」という気持ちもノンフローだと思います。私も以前はまわりの目がすごく気になっていて、「結果を出してまわりから評価されたい」とずっと思っていました。でも、辻先生から「すべては自分で決めてやっていることに気づく」ということを学んでから、評価されたいがために、判断基準が自分ではなく外側に向いてしまっていたことに気づきました。今では、生徒にも「他人のためではなく、自分がやりたくてやっていることなんだから。やらされていることなどなく、すべては自分」と声かけしています。小学生だとまだ難しくて理解しづらいですが（笑）、大学生の子はわりと納得できるようです。

こうして振り返ると、心を整えるスキルを学んだことで自分に対しても他人に対しても批判的でなくなったなと感じます。何事に対しても「こうでなきゃダメだ！」という意識が強かったんですが、相手がどういう人でもどんな気分でも「この人はこういう人」と受け入れることができるようになったし、「私は私。このままでいい」と思えるようになりました。自信はまだありませんが、今の自分でいいと思えたからリサイタルもできたのだと思います。

生徒に対しても無理して機嫌をとろうとしていましたが、機嫌をとると逆にノンフローになるんですよね。結果的に、私が相手をノンフローにさせてしまっていたのかもしれない。辻先生との出逢いがなければ、そのことに今も気づけていなかったかもしれません。

"ごきげん思考"実践者の声 3

「指示と支援のバランスを考えた指導をするようになりました」

Y.U.さん

会社員、ラグビー講師。スポーツ一家で育ち、幼少期からラグビー、ハンドボール、ヨットなどさまざまなスポーツに挑戦。19歳から小中学校や都内のスクールなどでラグビーの指導を始め、技術だけでなくメンタル面のサポートにも注力。現在は子どもたちの指導を続ける傍ら、企業に赴きスポーツを活用したチームビルディング研修なども行う。

ごきげん思考キーワード

- 相手を見通してあげる、という姿勢
- 今に生きると考える

◆指導に限らず、人生は、「するべきことを
　　いかに機嫌良くするか」の積み重ね

　子どもの頃から体を動かすことが好きで、特にラグビーが私のライフワークになっていました。現在は都内のラグビーチームの練習に参加したり、スクールで子どもたちに教えたり、小中学校のイベントや企業研修などでチームワーク向上を目的としたスポーツイベントなどを実施しています。

　辻先生と出逢ったのも、もちろんスポーツを通してでした。私は中学生の頃から先生の著書『スラムダンク勝利学』（集英社インターナショナル）を愛読していたこともあり、先生主催のイベントの中で交流を深め、その後はセミナーにも通うように。スポーツも子どもと接するのも大好きだったので、もともと何か問題意識があったわけではないのですが、メンタルがパフォーマンスに影響するという実感は以前からあったので、セミナーの中で学ぶことは多そうだと感じたんです。

　辻先生から学んだライフスキルの中で、子どもたちを指導するコーチ力に繋がったものはいくつもあるのですが、ひとつは「相手を見通してあげる」という発想から生まれた"指示と支援"のバランス。どんなときでも「あれをやれ、これをやれ」と毎日同じ指示を出すのではなく、伸び悩んでいた子がもう少しで伸びそうだと感じたら「声かけをして"指示"よりも"支援"を増やそうかな」とか、あるいは「具体的に『ここをこうする』と指示したほうがいいかな」など、その子の性格やその日の状況によって、バランスを考えた指導をする意識を持つようになりました。

例えば、ボールをゴールに入れるためには、練習でただ何回も蹴ればいいというわけではなくて、一回一回を丁寧に蹴らせたい。そのためには自分がどんな声がけができるか？　指示だけではなく、どんな支援をすれば質の良い練習ができるか？　ということを考えられるかそうでないかでは、大きな差があると思います。「今日この子に対しては指示が多かったな」と、その日の自分を反省して次の練習に備えることもできますからね。

　それから、「今に生きる」というライフスキルも大切にしています。自分が「今」「ここ」に集中して生きていないと最高の選択はできない。それを実感した出来事がありました。

　私が指導しているスクールに、仲良しな3歳のA君・B君がいました。いつも2人で遊んでいるのに、その日だけは様子がおかしかったんです。そこで私はA君に「何かあったなら、話聞くから言ってみなよ」と言ってみました。するとA君は「いつもB君と2人で遊んでるけど、僕はみんなとラグビーがやりたいんだ」と打ち明けてくれたんです。こんなに小さい子がそんな風に考えるんだということにも感心したのですが、同時に、もし私がA君に「何がしたいの？」「どうしたいの？」という聞き方をしていたら引き出せなかった言葉かもしれないなと思いました。A君が今どんな気持ちなのかわからないけど、自分がその瞬間にA君のことに集中して「こういう聞き方にしよう」と考えて言ったひと言だからこそ、返ってきた返事なのかなと思ったんです。

　辻先生いわく、"今"目の前で起きていることにフォーカスでき

ていないのは、その場に責任を持てていないということ。「今」「ここ」にいることの価値を重んじられることが、生きることの質を上げているんだなと感じています。メンタル・トレーニングを受ける前からコーチの仕事をしていたので、そのこともわかっているつもりでしたが、より実感として理解できるようになりました。

　もし自分が指導歴10年以上のベテランコーチだったら、経験からわかることも多いと思うのですが、私の指導歴は5、6年。まだまだ自信はありません。でも自信がないまま子どもたちの前に立ったらそれがバレてしまって、いうことを聞いてくれなくなります。不安や弱気な部分があると、声の大きさや笛を吹く音の大きさまで変わってくるんです。現役ラグビー部の学生にコーチをやってもらうこともありますが、彼らも経験が少ないので、上手くできずノンフローの状態になってしまうこともあります。そういうときに周りから「自信持って」と言われてもなかなか持てないもの。それよりも「間違ってもいいからやろう」と支援になるような声かけをしてあげれば、その人の心も変わると思うんです。

　ノンフローだと指導者もパフォーマンスが下がって、フローだとパフォーマンスが上がる。機嫌良くいるということは、子どもたちのためでもあるし、自分以外のコーチ陣に影響することもあるので、常に意識しておきたいですね。指導だけでなくどんなことにもいえますが、人生は今やることをいかに機嫌良くやるか、質高く生きるかということの積み重ねだと思います。

おわりに

　最後まで読んでいただきありがとうございました。ごきげん思考についての印象はいかがだったでしょうか？

　するべきことを機嫌良くするという考え方は先生には必須の生きる姿勢です。そのためには機嫌の良さを自らマネジメントできる脳の習慣が必要です。それがライフスキル脳です。

　ライフスキル脳が働き、授業をフローに導くにはまず知識が必要です。人間の脳や心に関する仕組みを知識として学習することからメンタルトレーニングは始まるからです。そのためにも本書は最適なツールです。何度も読み、忘れたら再度読み直して、知識を標準化してほしいと思います。ごきげん思考による授業実現のための教科書だと考えてみてはいかがでしょうか？

　しかし、知識だけではスキルになりません。そのために

大事なことは知識で得たことを意識していくことなのです。意識する場は学校であり、教室であり、日常の生活でもあります。本書での知識を自分のものにしていただくために、とにかく学んだ知識を思考として意識していく自分づくりが、すばらしい先生への道なのです。

　本書を自分のものにするために最も大切なことは、心とかメンタルとか機嫌といった目に見えないものに対する感性です。すなわち、フローな心への価値です。機嫌が良い自分は何がいいのか？　機嫌の良いことで自分はどうなるのか？　何ができるのか？　先生の機嫌が良ければ子どもたちの心はどうなのか？　授業はどうなのか？

　そこに価値を自分事としてしっかりと見出すことができるのであれば、それこそがすべてのはじまりです。価値を醸成していくためにも、価値を1回考えるのではなく日頃から何度も考えていきましょう。そして、同じように価値を話し合える仲間の先生がいれば、さらにお互いに醸成していくことができるはずです。

学校でも全員がフローに価値を重んじて、ライフスキル脳を磨いてごきげん思考の持ち主になれるとは限らないのです。まず自分が身につけることをコミットすること。断固たる決意で自分はそんな先生になるのだと決めること。そして、あなたと同じような感性のある仲間の存在を見つけて、同じように意識し、そこから生まれた体感をシェアしあっていくことが何よりも大切です。

　それが自分のためであり、子どもたちのためであり、学校全体のためにもなることでしょう。わたしも皆さんを応援していきます。

　本書の出版にあたり、誠文堂新光社の畠山沙織様、編集や執筆のお手伝いをしてくださった山本章子様に心より深謝いたします。ありがとうございます。

　日本に、ごきげん思考の先生を！

辻 秀一
つじ しゅういち

1961年東京生まれ。株式会社エミネクロス代表。スポーツドクター、産業医。北海道大学医学部を卒業後、慶應義塾大学病院内科、慶大スポーツ医学研究センターを経て独立、現在に至る。

「応用スポーツ心理学」と「フロー理論」をもとにしたメンタルトレーニングが専門。プロ野球選手、Jリーガー、プロゴルファー、オリンピック選手といったトップアスリートだけでなく、アーティストや多数の企業を継続的にサポートし、パフォーマンスの向上を担う。

フローを生み出すための独自理論「辻メソッド」は、わかりやすく実践しやすいメソッドであることから、スポーツ界だけでなくビジネス、教育、音楽界などに幅広く活用。ワークショップやセミナーには、経営者から教員、大学生、主婦まで老若男女が参加している。

著書に38万部突破のベストセラー『スラムダンク勝利学』(集英社インターナショナル)、『自分を「ごきげん」にする方法』(サンマーク出版)、『リーダー1年目からの教科書』(ぱる出版)、『禅脳思考』(フォレスト出版)、『「与える人」が成果を得る』(ワニブックス)など多数。

辻秀一オフィシャルサイト　http://www.doctor-tsuji.com/

デザイン　吉村 亮　望月春花（Yoshi-des.）
イラスト　大嶋奈都子
編集協力　棚澤明子　芳賀直美
校　正　猪狩総子
編　集　山本章子

子どもへの声かけが変わる！　クラスがまとまる！
メンタルトレーナー直伝
先生の "ごきげん思考" で、授業はうまくいく！
NDC 375

2018年3月10日　発　行

著　者　辻 秀一
発 行 者　小川雄一
発 行 所　株式会社 誠文堂新光社
　　　　〒113-0033　東京都文京区本郷3-3-11
　　　　［編集］電話 03-5800-3614
　　　　［営業］電話 03-5800-5780
　　　　http://www.seibundo-shinkosha.net/
印 刷 所　星野精版印刷 株式会社
製 本 所　和光堂 株式会社

©2018,Shuichi Tsuji.
Printed in Japan

検印省略
万一落丁、乱丁本は、お取り替えいたします。本書掲載記事の無断転用を禁じます。また、
本書に掲載された記事の著作権は著者に帰属します。これらを無断で使用し、展示・販
売・レンタル・講習会等を行うことを禁じます。

本書のコピー、スキャン、デジタル化等の無断複製は、著作権法上での例外を除き、禁じ
られています。本書を代行業者等の第三者に依頼してスキャンやデジタル化することは、
たとえ個人や家庭内での利用であっても、著作権法上認められません。

JCOPY　〈（社）出版者著作権管理機構 委託出版物〉
本書を無断で複製複写（コピー）することは、著作権法上での例外を除き、禁じられてい
ます。本書をコピーされる場合は、そのつど事前に、（社）出版者著作権管理機構（電話
03-3513-6969／FAX 03-3513-6979／e-mail:info@jcopy.or.jp）の許諾を得てください。

ISBN978-4-416-51822-9